Karsten Stollwerck

Mia, Meik und die Mauerspechte

Karsten Stollwerck wurde 1959 in Berlin geboren. Er studierte Mathematik und Physik für das Lehramt und anschließend Philosophie. Heute arbeitet er als freier Schriftsteller, Töpfer und Kursleiter. Er lebt mit seiner Familie in Berlin.

Karsten Stollwerck

Mia, Meik und die Mauerspechte

Ravensburger Buchverlag

Als Ravensburger Taschenbuch
Band 52404
erschienen 2009

Erstmals erschienen unter dem Titel
„Du bist also der Meik?“
im Verlag Jungbrunnen Wien;
München, 1995

Umschlaggestaltung: Dirk Lieb unter Verwendung
eines Fotos von Panther Media/Jörg Rüger

Printed in Germany

1 2 3 4 5 13 12 11 10 09

ISBN 978-3-473-52404-4

www.ravensburger.de

1

Meik drückte mit seinem ganzen Körpergewicht die Haustür zu. Der Mechanismus, der die Tür von allein schloss, war zu langsam. Endlich rastete das Schloss ein. Im selben Moment knallte Toni von draußen dagegen. Er rüttelte am Türknauf und schrie: „Na warte, Michel, ich krieg dich noch."

Toni nannte ihn immer „Michel", um ihn zu ärgern. Eigentlich hieß er Michael Fleck. Die Lehrer und seine Mutter nannten ihn Micha, aber am liebsten hatte er es, wenn er Meik genannt wurde. Das hörte sich so ein bisschen amerikanisch an und er fühlte sich gut dabei. Von Toni musste er sich den Michel gefallen lassen. Toni war der Stärkste in Meiks Klasse, der 5b. Er fuhr mit dem gleichen Bus wie Meik zur Schule, musste aber auf dem Heimweg zwei Stationen früher aussteigen. Nur heute war er so weit wie Meik gefahren und hinter ihm hergerannt, um sich mit ihm zu prügeln. Aber Meik konnte schneller sprinten und war ihm entwischt.

Während Toni gegen die Glasscheibe der Haustür bummerte, stieg Meik in den Fahrstuhl und fuhr in den dritten Stock. Der neue Bodenbelag roch nach Kunststoff. Meik lehnte sich an die Kabinenwand und presste den dicken Schlüsselbund gegen seine verschwitzte Stirn. Alle seine Schlüssel hatte er an einen großen Ring gehängt. Die, die er brauchte, und viele andere dazu. Am liebsten war ihm der Autoschlüssel von dem alten Käfer seiner Mutter, der letztes Jahr nicht mehr durch den TÜV gekommen war.

An der Wohnungstür brauchte er den flachen Schlüssel für das Sicherheitsschloss und dann den größten von allen für den Schnapper.

Er ließ im Flur erst die Mappe fallen, die Jacke ein paar Schritte weiter und lief in sein Zimmer, um aus dem Fenster zu spähen. Unten stand Toni und schaute suchend die Fensterfront herauf. Meik lächelte. Toni wusste nicht, hinter welchem Fenster er wohnte.

Meik warf sich aufs Bett, drückte den Einschaltknopf seiner Stereoanlage und verschränkte die Arme unter dem Kopf. Nichts denken, nicht aufpassen müssen, nur Musik hören.

Seine Mutter war nicht da, und er mochte es gern so. Dann hatte er Ruhe. Niemand, der ihn drängte: Nimm doch deine Schulmappe von der Tür weg. Kein Seufzen: Wie oft habe ich dir gesagt, dass du deine Jacke ordentlich aufhängen sollst. Und vor allem: keine Fragen über die Schule. Nichts hasste Meik mehr als diese bohrende Neugierde, mit der seine Mutter ihn drängte, von der Schule zu erzählen.

Nach einer Weile richtete er sich auf, blieb noch auf dem Bett sitzen und wiegte den Oberkörper im Takt. Schließlich drehte er die Musik etwas lauter und schlenderte in die Küche. Nebenan wurde dreimal energisch an das Heizungsrohr geklopft. Das bedeutete: Sofort leiser stellen. Meik schnitt eine Grimasse. Die Nachbarin war im ganzen Haus wegen ihrer Schwerhörigkeit bekannt, aber sie war immer die Erste, die sich über ihn beschwerte.

Früher war sie wutschnaubend aus ihrer Wohnung geschossen, hatte bei Meik Sturm geklingelt und sich ihre Empörung von der Seele geschrien. Dann regten sich auch die anderen Hausbewohner auf. Die einen über Meik, die anderen über die Nachbarin. Schließlich war seine Mutter auf die Idee mit dem Klopfen gekommen. Wenn Meik zu laut wurde, klopfte die Nachbarin gegen das Heizungsrohr. Dann musste Meik leiser sein, das hatte ihm seine Mutter eingeschärft. Sie wollte nicht ständig Ärger mit den anderen Hausbewohnern haben.

Dabei war Meik gar nicht so laut, wie die Nachbarin immer tat. Einmal hatte sie eine Viertelstunde lang mit ihrem Schuh gegen das Heizungsrohr geschlagen. Dann hatte sie doch wieder an Meiks Wohnungstür geklingelt und sich über die laute Musik beschwert. Dabei hatte Meik gar keine Musik an. Es war der Hörapparat der Nachbarin, der kaputt war und ihr ins Ohr fiepte.

Meik drehte die Musik leiser und schaute nach, was ihm seine Mutter zum Essen vorbereitet hatte. Kartoffelsalat mit Würstchen! Er schluckte und biss gleich von dem einen Würstchen ab. Daneben lag ein Zettel:

Setz das Wasser in dem Topf auf und warte, bis es kocht. Dann mach das Gas aus und leg die Würstchen zehn Minuten rein. Verbrüh dich nicht! Kuss, Mutti

Als ob er nicht längst wüsste, dass man Würstchen nicht in kochendes Wasser legen darf, weil sie sonst platzen. Er hatte auch schon einmal einen Pudding gekocht und Kuchen gebacken. Ganz allein.

Er setzte Wasser auf, biss noch einmal von dem kalten Würstchen ab und schlenderte in sein Zimmer zurück. Die Musik war eindeutig zu leise. Er nahm die Kopfhörer und setzte sich vor das Bett. Mit geschlossenen Augen sang er mit: „Ich hab geträumt von dir …“

Erst als die Musik verstummte, hörte er das Klingeln. Aber an der Wohnungstür war niemand. Er lief zum Fenster. Lars stand unten.

Meik riss das Fenster auf. „Was ist denn los?“

„Na endlich!“, schrie Lars. „Ich warte hier schon eine Ewigkeit. Kommst du mit Fußball spielen?“

„Ja.“ Meik fiel ein, dass er gerade essen wollte. „Komm hoch“, schrie er hinunter.

„Okay“, antwortete Lars.

Meik sauste in den Flur und drückte auf den Knopf, damit unten die Haustür aufging.

Lars ging auch in seine Klasse. Aber noch nicht lange. Vor einem halben Jahr war er von einer anderen Schule gekommen, einer, auf der viele amerikanische Kinder waren. Dort gab es nicht nur deutsche, sondern auch amerikanische Lehrer. Bei ihnen wurde im Unterricht Englisch gesprochen. Lars hatte Mathematikunterricht bei einem Amerikaner gehabt und konnte Englisch fast so gut wie Deutsch sprechen.

Aus der Küche drangen Dampfschwaden. Es war kaum noch Wasser im Topf. Na ja, für die Würstchen würde es schon noch reichen. Als Lars an die Wohnungstür klopfte, zerknüllte Meik schnell den Zettel von seiner Mutter und stopfte ihn in die Hosentasche. „Kuss, Mutti“ war ihm peinlich. Das war nichts, was ein anderer lesen sollte. Nicht einmal Lars.

„Mensch, Meiki, was ist denn los mit dir?“, drängte Lars. „Kommst du nun mit?“

„Ja, gleich.“ Meik stopfte sich in der Küche einen Löffel Kartoffelsalat in den Mund. Dann angelte er die Würstchen aus dem Wasser, kam aus Versehen an den heißen Topf und fluchte.

„Kann ich eins haben?“, fragte Lars.

Meik nickte mit vollem Mund und rannte in sein Zimmer, um seine Fußballschuhe zu holen. Als er zurückkam, saß Lars am Küchentisch und kaute.

„Machst du dir dein Essen immer selber?“, fragte Lars.

Meik biss vom Würstchen ab und schob Kartoffelsalat hinterher. „Bin doch kein Baby mehr“, nuschelte er.

„Echt gut. Ich könnte das nicht.“

„Na ja“, gab Meik zu, „meistens brauche ich mir nur was warm zu machen.“

„Trotzdem.“ Lars griff nach dem letzten Stück Würstchen und sah Meik fragend an. Als er ihm zunickte, schob er es in den Mund. „Ich darf mir zu Hause nicht einmal selbst nehmen. Meine Mutter meint, ich würde dann zu wenig Gemüse essen, und Gemüse ist doch so gesund."

Meiks Mutter fragte ihn meist, was sie für den nächsten Tag vorbereiten sollte. Allerdings aß Meik gern Gemüse und Mohrrüben ganz besonders. Er durfte sich auch von den Süßigkeiten nehmen, was er wollte.

„Magst du noch Eis mit Schokoladensoße als Nachtisch?" Meik wollte Lars ein bisschen imponieren.

„Klar."

Meik holte aus dem Tiefkühlfach eine Packung Kirscheis und füllte zwei Glasschälchen damit. Er gab Schokolade und Milch in ein Töpfchen und stellte es in die Mikrowelle. Nach einer Minute machte es pling und die Schokolade war geschmolzen. Meik goss die Schokoladensoße über das Eis und servierte es.

„Ich würde tierischen Ärger bekommen, wenn ich mir einfach Eis oder Schokolade nehmen würde", erzählte Lars, „deine Mutter ist echt in

Ordnung. Vielleicht sollte meine auch mal arbeiten gehen. Das scheint viel besser zu sein."

Meik lutschte an seinem Löffel und überlegte. „Manchmal ist es auch blöd", sagte er dann, „wenn sie nachmittags zur Arbeit ins Krankenhaus muss. Dann kommt sie erst spätabends wieder. Aber das ist selten. Und am Wochenende ist sie auch meistens da."

Für Meik war es ein großes Eingeständnis, dass er es lieber hatte, wenn seine Mutter da war. Er sprach sonst kaum über sie, seit Toni ihn einmal eine ganze Woche lang Muttersöhnchen gerufen hatte, weil er allein mit seiner Mutter wohnte. Aber Lars konnte er so etwas erzählen, und das war gut.

„Kommt dich dein Vater nie besuchen?", fragte Lars.

„Selten", antwortete Meik, „er wohnt ja ganz schön weit weg."

Lars dachte nach. „Manchmal fände ich es auch gut, wenn mein Vater woanders wohnen würde. Wenn er von der Arbeit kommt, hat er oft schlechte Laune. Aber am Wochenende ist er schon in Ordnung." Lars kratzte das letzte Eis aus seinem Schälchen. „Gehen wir jetzt?"

Meik nickte. Für seine Mutter schrieb er einen Zettel: Bin mit Lars Fußball spielen.

Er überlegte einen Moment, dann schrieb er lieber noch dazu: Hausaufgaben sind so gut wie erledigt. Den Zettel schob er unter die Vase auf dem Küchentisch.

Lars und Meik hatten schon lange gespielt, als ein stämmiger Junge mit schwarzen Locken auf den Platz kam und sich an den Zaun lehnte: Enrico aus der Parallelklasse. Enrico war eigentlich harmlos, aber wenn er auftauchte, dann war Toni nicht weit.

Meik klemmte sich den Ball unter den Arm und sagte zu Lars: „Komm, hauen wir lieber ab."

Aber da kam Toni schon auf sie zu. Enrico drückte sich vom Zaun ab und blieb ein kleines Stück hinter seinem starken Freund. Für Meik und Lars gab es kein Entrinnen mehr, denn der Platz hatte nur den einen Ausgang. Toni baute sich vor Meik auf und rückte lässig seine blaue

Schirmmütze zurecht. Er trug sie immer, nur im Unterricht musste er sie abnehmen, weil er sonst Krach mit den Lehrern bekam. Enrico hatte einmal gesagt, dass Toni damit sogar schlafen gehen würde.

Toni grinste siegessicher. „Wie schön, einen alten Freund wiederzutreffen.

Meik schwieg und wollte sich an ihm vorbeidrücken.

Toni trat ihm in den Weg. „He, du willst doch nicht etwa gehen?“

„Doch“, murmelte Meik, „ich muss jetzt wirklich weg.“

Toni trat einen Schritt zurück, machte ein extraerstauntes Gesicht und grölte los: „Oh Schreck, oh Schreck, der Fleck muss weg, oh Schreck …“

Enrico lachte lauthals. Es war ihm richtig anzusehen, wie wohl er sich fühlte, auf der Seite des Stärkeren zu stehen. Meik ließ es still über sich ergehen. Hauptsache, Toni fing nicht an, ihn zu schlagen.

Einen Moment schwieg Toni und musterte Meik. „Na gut“, sagte er dann, „wenn der Kleine nach

Hause muss. Aber den Ball lässt du uns hier." Blitzschnell stieß er den Ball aus Meiks Arm. Lars lief sofort hinter dem Ball her, aber Enrico war schneller. Er warf den Ball Toni zu.

„Na, bitte, jetzt spielt ihr ja doch mit uns", spottete Toni, „aber wir haben keine Lust mehr."

Er schoss den Ball mit aller Kraft weg. Der Ball flog über den Zaun, an den Bäumen vorbei und landete irgendwo im nächsten Garten.

„Du bist gemein", schrie Meik und ballte die Fäuste. Mehr traute er sich nicht. Toni und Enrico trabten zufrieden davon.

In dem Nachbargarten war es inzwischen laut geworden. Lars und Meik liefen zum Zaun und schauten nach, wo der Ball hingefallen war. Mitten in ein Rosenbeet. Eine Frau stand daneben und schimpfte.

„Den Frost haben die Rosen glücklich überstanden und nun kommt eine Horde wilder Bengel und schießt die neuen Triebe ab. Ja, schaut euch nur an, was ihr angerichtet habt." Sie fuchtelte aufgebracht mit den Armen. „Könnt ihr nicht aufpassen? Übers Knie legen sollte man euch."

„Entschuldigung“, sagte Lars, „aber wir waren es gar nicht. Könnten Sie uns jetzt den Ball bitte wiedergeben?“

„Natürlich“, rief die Frau, „die Unschuldsengel persönlich. Ich habe doch gesehen, wie ihr die ganze Zeit hier gespielt habt.“

„Trotzdem war es ein anderer Junge“, versuchte Meik zu erklären, „er hat uns den Ball geklaut und weggeschossen.“

„Das ist mir ganz egal.“ Die Frau hob den Ball auf. „Ich behalte den Ball jedenfalls erst einmal. Eure Eltern können ihn wieder abholen.“

„Das dürfen Sie nicht“, schrie Meik, „das ist Diebstahl.“

Die Frau lachte ihn aus und zeigte auf die Rosen. „Und das hier ist Sachbeschädigung.“ Sie drehte sich um und verschwand im Haus.

„So eine alte Hexe“, stieß Lars hervor.

Sie standen noch eine Weile schweigend herum, dann gingen sie. Sie nahmen den Weg über das alte Bahngelände. Hier fuhren schon lange keine Züge mehr. Zwischen den Schienen waren Bäume hoch gewachsen und bildeten mit dichtem Brombeergestrüpp einen richtigen Wald. Lars und Meik waren gerne hier. Sie balancierten auf den Schienen entlang, kletterten an verrosteten Signalen hoch und versteckten sich in Gruben oder im Gestrüpp. Leider waren die Signale und Weichen schon so festgerostet, dass sie sich nicht mehr bewegen ließen.

Die Gleise endeten abrupt an der Mauer. Das war nicht irgendeine Mauer, sondern die Mauer. Sie führte rings um ihre Stadt, um West-Berlin, herum und wurde streng bewacht. Nur an ganz wenigen Stellen war die Mauer unterbrochen. Dort waren die Grenzübergänge, an denen die Menschen nach langen Kontrollen vom Westen in den Osten gehen konnten und manche auch aus dem Osten in den Westen.

Obwohl es gerade erst anfing zu dämmern, gingen hinter der Mauer schon die Scheinwerfer an. Sie beleuchteten einen breiten Sandstreifen. Wer über diesen Sandstreifen in den Westen fliehen wollte, wurde beschossen. Deswegen wurde er auch Todesstreifen genannt.

Meik setzte sich auf ein umgekipptes Signal

und begann wütend mit einem Stock auf die Schiene einzuschlagen. „Jeder aus unserer Klasse ärgert sich über Toni. Wenn wir uns alle gegen ihn verbünden, sind wir viel stärker und brauchen uns in Zukunft nicht mehr alles von ihm gefallen zu lassen."

„Und wenn nicht alle mitmachen?", warf Lars ein.

Meik überlegte, wer sich aus der Klasse trauen würde, gegen Toni zu kämpfen. Er war sich nicht sicher. Die meisten würden vermutlich versuchen, sich aus der Sache rauszuhalten. Drei oder vier würden wohl gegen ihn kämpfen, aber einige hielten sicher auch zu ihm. Weil es leichter war, auf der Seite des Stärkeren zu sein.

„Na ja, vielleicht lassen wir es lieber", brummte Meik und schlug mit dem Stock so kräftig gegen die Schiene, dass er zerbrach. Den Rest schleuderte er weit weg. Er hatte Angst. Angst vor Toni. Angst, plötzlich alleine dazustehen, wenn er sich mit ihm anlegte.

Lars balancierte auf einer Schiene. „Wir sind nun einmal schwächer. Was sollen wir denn tun?

Wir können uns doch nicht jeden Tag von Toni verhauen lassen."

„Toni allein ist gar nicht so stark. Aber niemand traut sich, gegen ihn zu kämpfen. Das ist es."

Meik stand auf und ging missmutig auf den Schwellen neben Lars her. Warum war er nicht so wie die Helden in den Filmen? Die hatten keine Angst, waren immer stärker als ihre Gegner, siegten und strahlten. Meik war kein Held. Er war eher feige. Und das ärgerte ihn.

Als er nach Hause kam, wurde seine Laune auch nicht besser.

„Für jemanden, der noch Hausaufgaben machen muss, kommst du aber reichlich spät", empfing ihn seine Mutter.

Meik seufzte. Auch das noch. Wieso hatte er bloß etwas von den Hausaufgaben auf den Zettel geschrieben! Jetzt half nichts mehr. Wenn seine Mutter mit der Schule anfing, gab es kein Entrinnen. Außerdem waren die Hausaufgaben nicht so gut wie erledigt, wie er auf den Zettel geschrieben hatte, sondern so gut wie unerledigt.

„Du hast mir doch gesagt, dass ihr morgen einen Mathetest schreibt“, bohrte seine Mutter weiter.

Meik merkte, wie sich das Unheil über ihm zusammenbraute. Seine Mutter verstand es, aus allernebensächlichsten Bemerkungen wichtige Informationen über die Schule herauszufiltern. Dann wusste sie plötzlich Sachen, von denen er sicher gewesen war, dass er sie ihr nicht erzählt hatte.

„Der Test ist doch auf nächste Woche verschoben worden“, wehrte er ab.

„Zeig mir mal dein Heft“, beharrte seine Mutter, „es schadet nichts, wenn du heute schon mit dem Üben anfängst.“

Und ob es schadete! Es schadete Meiks Laune, wenn er zu viel für die Schule tun musste. Aber seine Mutter hätte nie eingesehen, dass gute Laune im Leben viel wichtiger war als Mathe. Außerdem nahm ihm jede mit lernen vergeudete Stunde etwas mehr Zeit weg zum Fußballspielen. Ach ja, Fußball. „Du, Mutti, du musst mir meinen Fußball wiederholen.“

Seine Mutter starrte ihn an, als wäre er völlig übergeschnappt. Meik erklärte ihr die Geschichte, so weit es nötig war. Von Toni erzählte er lieber nichts. Er wollte nicht, dass seine Mutter sich bei Tonis Mutter beschwerte. Toni würde ihn dann wieder lauthals Muttersöhnchen nennen. Nein, den Ärger mit Toni musste er schon allein durchstehen.

Meiks Mutter setzte sich. „Wenn ich morgen von der Arbeit komme, gehen wir zu der Frau."

Meik schob seine Unterlippe vor. „Och, eigentlich reicht es doch, wenn du allein dahin gehst. Mir gibt sie den Ball ja doch nicht."

Seine Mutter tippte nur kommentarlos an ihre Stirn und fing dann wieder von der Schule an.

Nach einer nervigen Stunde war es endlich Zeit fürs Abendbrot.

„Weißt du, wer vorhin angerufen hat?", fragte Meiks Mutter.

Meik verdrehte die Augen. „So etwas Nützliches wie Gedankenlesen lerne ich leider nicht in der Schule."

„Opa Ludwig."

„Echt?“ Meik sprang auf und tanzte durchs Zimmer. „Kommt er uns besuchen?“

Opa Ludwig wohnte mit Oma Eli, die eigentlich Eleonore hieß, in Teltow. Sie waren nicht Meiks Großeltern, Oma Eli war die Schwester von Meiks Oma. Sie wohnten so nah bei Berlin, dass ein Vogel höchstens eine Minute von Meik zu ihnen brauchte. Wenn Meik aus dem Küchenfenster schaute, sah er die ersten Häuser von Teltow direkt vor sich. Trotzdem brauchten sie mindestens drei Stunden für den Weg. Das lag an der Mauer, die dazwischenstand. Und der nächste Grenzübergang war weit weg.

„Also“, drängte Meik, „kommt er nun?“

Seine Mutter lachte. „Er ist bei Onkel Hermann. Wir werden ihn da besuchen.“

Onkel Hermann war Opa Ludwigs Bruder. Er wohnte im Norden Berlins. Eigentlich war Opa Ludwig jetzt viel weiter entfernt von Meik. Andererseits war er auch näher, weil es wesentlich einfacher war, einmal quer durch die Stadt zu fahren, als auch nur einen Schritt aus der Stadt hinauszumachen.

2

Am Sonntag fuhren Meik und seine Mutter mit der S-Bahn in den Wedding, das war der Stadtteil, in dem Onkel Hermann wohnte. Meik mochte diese Strecke sehr gern, denn sie führte unter Ost-Berlin hindurch. Er fand die Vorstellung ungeheuer aufregend, unter dem Todesstreifen durchzufahren und für eine Weile unter fremdem Gebiet zu sein. Die Bahnhöfe wurden seit fast dreißig Jahren nicht mehr benutzt. Die Bahn fuhr langsam durch die niedrigen Gewölbe, ohne zu halten. Der Putz hing lose von der Decke, war an manchen Stellen schon abgefallen und lag auf den Bahnsteigen herum. Im Dämmerlicht einiger Neonröhren patrouillierten Soldaten. Sie liefen zwischen Stützpfeilern, Schutthaufen und verfallenen Kiosken herum und passten auf, dass sich niemand heimlich heranschlich und auf den fahrenden Zug sprang. Denn die Leute, die hier über der Erde wohnten, waren Ost-Berliner. Sie durften nicht mitfahren, weil dieser Zug in den Westen fuhr.

Meik fand das noch viel spannender als Geisterbahn. Einmal hatte er das Fenster aufgemacht und Alarm geschrien. Die Soldaten hatten sich nur kurz umgeguckt, aber seine Mutter hatte ihn zurückgerissen und ihm eine geknallt. Sonst schlug sie ihn nie. Noch als sie später ausgestiegen waren, hatte er gemerkt, wie sie am ganzen Körper zitterte.

Die S-Bahn hielt nur ein einziges Mal unter Ost-Berlin. Das war am U-Bahnhof Friedrichstraße. Hier stiegen diejenigen aus, die von West-Berlin nach Ost-Berlin wollten.

„Dass du mir niemals ‚Ost-Berlin' sagst, wenn ein Vopo in der Nähe ist", ermahnte ihn seine Mutter. „Vopo" war die Abkürzung für „Volkspolizist", das waren die Polizisten in der DDR. Seit der Sache mit dem Alarmschrei ermahnte sie ihn ständig, wenn sie unter Ost-Berlin durchfuhren.

„Ich weiß", sagte Meik genervt. Bei den Kontrollen an der Grenze hieß es statt „Ost-Berlin" immer „Hauptstadt der DDR“. Wenn die Vopos ein Wort hörten, das mit „Ost“ anfing, konnten sie sehr böse werden. Dafür mochten sie Wörter, die mit „West“ anfingen. Bei Meiks Deutschlehrer war es genau umgekehrt. Er mochte die Wörter, die mit „Ost“ anfingen und regte sich über die West-Wörter auf.

Also: An der Grenze musste Meik „Mark der DDR“ statt „Ost-Mark“ sagen, dafür durfte er „West-Mark“ sagen. Wenn er in der Schule aber „Mark der DDR“ sagte, schaute ihn der Lehrer verwundert an und tat so, als wenn er Meik nicht verstehen würde. Erst wenn Meik „Ost-Mark“ sagte, lächelte der Lehrer zufrieden. In einem Aufsatz hatte Meik einmal „Westberlin“ geschrieben, so wie es auf den Schildern an der Autobahn stand. Der Lehrer hatte ihm prompt einen Fehler angestrichen. Gegen „Ostberlin“ hatte er aber nichts einzuwenden. So gab es etliche Wörter, von denen Meik lernen musste, wo er sie benutzen durfte und wo nicht. „BRD“ durfte er bei den Vopos, aber nicht in der Schule sagen, und „Deutschland“ nicht bei den Vopos, dafür in der

Schule. Manchmal machten die Menschen die Dinge viel komplizierter, als sie waren.

Das fand Opa Ludwig auch, als sie endlich bei ihm und Onkel Hermann waren. „Stell dir mal vor, wir würden das mit den Wörtern so genau nehmen“, sagte er zu Meik, „so wie die Politiker. Wir könnten gar nicht mehr miteinander reden.“

„Reden die Politiker nicht miteinander?“, fragte Meik.

„Doch, schon“, gab Opa Ludwig zu, „aber wenn ein Ost-Politiker auf einen West-Politiker trifft, dann haben sie große Probleme, die richtigen Wörter zu finden. Also Wörter, die alle beide benutzen dürfen.“

„Wie gut, dass ihr keine Politiker seid“, lachte Meiks Mutter. Dann schaute sie auf die Uhr. „So, ich muss euch drei Männer jetzt allein lassen. Ich werde im Krankenhaus gebraucht. Macht nicht so viel Blödsinn.“ Dabei schaute sie mehr Opa Ludwig an als Meik.

Opa Ludwig gab ihr einen Handkuss und machte eine tiefe Verbeugung. „Ganz wie Sie wünschen, Gnädigste.“ Dann brachte er sie zur Tür. Als er zurückkam, klatschte er vergnügt in die Hände. „Und was stellen wir jetzt an?"

„Was haltet ihr von einem zweiten Frühstück?", schlug Onkel Hermann vor.

Opa Ludwig nickte zufrieden. „Keine schlechte Idee. Was gibt denn dein Junggesellenhaushalt so alles her?"

Es kam eine ganze Menge Essen zum Vorschein, das auf den Tisch im Wohnzimmer wanderte. Fünf verschiedene Sorten Marmelade, die Opa Ludwig mitgebracht hatte. Brötchen, Müsli, Milch und Saft, eine Pfanne mit Rührei. Auch die Eier hatte Opa Ludwig mitgebracht, obwohl das eigentlich verboten war.

„Die habe ich rausgeschmuggelt." Er streckte stolz seine Brust vor. „Schließlich sind es meine Eier, und ich kann damit machen, was ich will."

„Na, na", brummte Onkel Hermann, „eigentlich gehören die Eier ja deinen Hennen, bei denen wir uns zu bedanken haben. Denn sie schmecken besser als unsere Batterie-Eier."

Eine halbe Stunde später hatte Meik das Gefühl, dass er platzen müsste, wenn er auch nur noch einen Krümel mehr essen würde. Sie quetschten sich zu dritt auf den kleinen Balkon und genossen die Frühlingssonne.

Meik lehnte sich an Opa Ludwig. „Warum wohnst du eigentlich im Osten und Onkel Hermann bei uns im Westen?"

„Ach, das ergab sich einfach so. Ich hatte mir mit Eli das Häuschen in Teltow gekauft, das war noch vor dem Krieg. Und damals hat natürlich niemand gewusst, dass da mitten durch Deutschland mal eine Mauer gebaut werden würde. Und dann ausgerechnet zwischen Berlin und Teltow."

„Wann hast du es denn gewusst?"

Opa Ludwig fuhr mit der Hand über seine Glatze und kratzte sich hinten, wo die Haare anfingen. „Tja, weißt du ... das ging alles sehr plötzlich. Also, ich habe es erst an dem 13. August 1961 erfahren, als es geschehen war. Es war ein Sonntag, ich weiß es noch genau. Ich lag noch gemütlich im Bett, als der Nachrichtensprecher im Radio sagte: Die notwendigen Maßnahmen zum Schutze der DDR-Bürger und zur Sicherung des Friedens sind in der letzten Nacht von Einheiten der Nationalen Volksarmee getroffen worden. Da war mir klar, dass etwas Schlimmes geschehen war und nichts, was wirklich mit Schutz und Frieden zu tun hatte. Ich hab sofort einen West-Sender eingestellt. So habe ich dann erfahren, dass die Grenze abgeriegelt wurde, damit niemand mehr aus dem Osten in den Westen fliehen konnte."

„Und was hast du gemacht?"

„Ich bin sofort zur Grenze gerannt. Die Soldaten verlegten gerade den Stacheldraht, und als ich ihnen zu nahe kam, zielten sie mit ihren Gewehren auf mich und schrien, ich solle verschwinden." Opa Ludwig grinste schief. „Na, das habe ich dann auch lieber getan."

Plötzlich röhrte es so laut neben Meik, dass er zusammenzuckte. Onkel Hermann war eingeschlafen, sein Kopf war nach hinten gekippt, und der Mund stand weit offen. Ein paarmal schnarchte er noch, dann fing er plötzlich an zu gurgeln und wachte auf. Onkel Hermann blinzelte seine Gäste erstaunt an. „Was ist denn los? Was starrt ihr mich so an?"

Die beiden lachten. „Am besten, wir gehen ein bisschen spazieren“, schlug Opa Ludwig vor, „das bringt den Kreislauf wieder in Schwung.“

Onkel Hermann wollte nicht mitkommen. „Geht nur, ihr beiden, und macht euch einen schönen Nachmittag.“

Opa Ludwig blickte ihn kopfschüttelnd an. „Was ist denn mit dir los?“

„Nichts, gar nichts.“

Als Opa Ludwig ihn weiter nur anstarrte, fügte Onkel Hermann hinzu: „Du siehst wohl schon wieder Gespenster, was?“

Opa Ludwig schüttelte noch einmal den Kopf und ging dann mit Meik hinunter auf die Straße.

„Kennst du dich hier überhaupt aus?“, fragte Meik.

„Na klar. Als ich so alt war wie du, habe ich hier gespielt.“ Opa Ludwig hüpfte auf dem Gehsteig von Platte zu Platte. „So. Und da hinten haben wir gewohnt. Es war das fünfte Mietshaus, von der Kirche aus gerechnet.“

Inzwischen gab es die Kirche und die Mietshäuser nicht mehr. Sie hatten genau auf der Grenze gestanden und gestört, als der Todesstreifen angelegt worden war.

„Der Gehsteig gehört schon zu West-Berlin, aber die Häuser standen noch in Ost-Berlin“, erklärte Opa Ludwig. „Als überall die Grenze abgeriegelt wurde, sind hier viele geflohen. Sie schlichen sich von hinten durch die Häuser, und sobald sie auf die Straße traten, konnten ihnen die Grenzsoldaten aus dem Osten nichts mehr anhaben.“

Während Opa Ludwig weitererzählte, starrte Meik auf die andere Straßenseite. In Gedanken ließ er die Mauer verschwinden und dafür die alten Mietshäuser und die Kirche wieder entstehen. Er stellte sich vor, wie die Türen verbarrikadiert waren. Und in den unteren Wohnungen wurden gerade die Fenster zugemauert. Hinter den Maurern standen Soldaten mit angelegten Gewehren. Sie hatten den Befehl, auf jeden zu schießen, der fliehen wollte. Währenddessen hatten sich unten auf der Straße West-Berliner versammelt, die lautstark gegen die Grenze protestierten. Auf einmal erschien eine ältere Frau an einem Fenster des dritten Stockwerks. Sie hatte sich unten an den Soldaten vorbeigeschlichen, knotete jetzt hastig ein Laken um das Fensterkreuz und ließ sich daran herab, bis sie am untersten Zipfel hing. Ihre Füße baumelten oberhalb der Parterrefenster in der Luft und suchten verzweifelt nach Halt. Zwei West-Berliner liefen zu ihr hin, um ihr zu helfen, aber sie kamen nicht an die Frau heran. Nun wurden die Soldaten aufmerksam. Sie stießen die Maurer von den halb zugemauerten Fenstern weg, lehnten sich heraus und versuchten die Füße der Frau zu greifen, um sie wieder ins Haus zu ziehen. Die Frau strampelte und die Soldaten bekamen sie nicht zu fassen. Ein Soldat lief in den dritten Stock. Als er oben das Laken ergriff, ließ sich die Frau aus Angst fallen. Sie schlug hart auf dem Boden auf. Jemand rief nach einem Krankenwagen und aus der Ferne war ein Martinshorn zu hören.

Opa Ludwig sagte: „Hermann hat das alles beobachtet und mir später erzählt." Meiks Gedanken schnellten in die Gegenwart zurück. Nur das Martinshorn war weiterhin zu hören.

„Komm." Opa Ludwig zog an Meiks Hand. „Ich zeig dir, wo das war."

Sie liefen ein Stück an der Mauer entlang, die jetzt anstelle der Häuser neben den Gehsteigplatten stand. Vor drei dicken Holzbalken, die auf dem Gehsteig standen, blieb Opa Ludwig stehen. Sie waren mit Stacheldraht umwickelt und mit Blumen und Kränzen geschmückt. Auf einem Brett stand: „Ida Siekmann. Geboren 23. August 1902. Gestorben 22. August 1961."

Opa Ludwig sagte: „Das war die Frau. Sie hat die Flucht nicht überlebt."

„Und die anderen, die fliehen wollten?", fragte Meik.

„Einer ist erschossen worden, als er durch die Spree schwamm, aber andere haben es geschafft. Sie sind in einem Tunnel unter der Mauer durchgekrochen. Das war auch hier. Dort, in diesem Haus, endete der Tunnel."

„Ein richtiger Geheimgang?", rief Meik aufgeregt. „Dann kann ich dich ja heimlich besuchen."

Opa Ludwig lachte. „Dazu ist es zu spät. Der Tunnel wurde noch während der Flucht von den

Soldaten entdeckt. Die Flüchtlinge verteidigten sich mit Pistolen und konnten in den Westen entkommen. Aber danach wurde er zugeschüttet."

Sie schlenderten weiter. Meik sah Opa Ludwig von der Seite an. „Wolltest du auch mal in den Westen fliehen?"

Opa Ludwig schüttelte den Kopf. „Nein, ich wollte immer in Teltow bleiben. Dort habe ich meine Freunde und mein Haus." Er blieb stehen und betrachtete einen riesigen, Feuer speienden Drachen, der an die Mauer gemalt war. „So schön sieht die Mauer von unserer Seite nicht aus. Meinst du, wir beide sollten hier auch noch etwas draufmalen?"

Meik nickte begeistert. „Ob Onkel Hermann noch alte Farben hat?"

„Bestimmt." Opa Ludwig rannte los. Es sah lustig aus, wie er auf seinen O-Beinen hin und her wackelte. An der nächsten Straßenecke hielt er schnaufend an und drehte sich um. „Wo bleibst du denn? Kannst du nicht mithalten?"

„Also gut", rief Meik, „wer zuerst an der Litfaßsäule ist." Aber er ließ Opa Ludwig gewinnen.

Der war richtig stolz darauf, und als er immer noch keuchend vor Onkel Hermann stand, sagte er: „Ich habe doch glatt diesen Lümmel im Wettrennen geschlagen. Mit siebenundsiebzig gehört man eben doch noch nicht zum alten Eisen.“

Onkel Hermanns Augen leuchteten auf. „Das finde ich auch. Das Leben muss man genießen.“ Er zeigte ihnen Farbreste, die er im Küchenschrank hatte. „Da, sucht euch aus, was ihr gebrauchen könnt.“ Dann verschwand er im Badezimmer.

Meik und Opa Ludwig kehrten mit den Farben und Pinseln zur Mauer zurück. Sie suchten sich eine Stelle aus, wo die Mauer quer über eine Straße führte. Alle Autofahrer, die die Straße herunterkamen, würden ihr Bild sehen können.

Natürlich war das Mauerstück nicht extra für sie freigelassen worden. Da stand zum Beispiel: Amis raus aus West-Berlin, und darunter: Bullen in die Zone. Und in dicken rosa Buchstaben: Erich halts Maul.

Meik tunkte seinen Pinsel in blaue Farbe, strich Erich durch und schrieb Toni darüber. Dann drehte er sich blitzschnell um. Er hatte plötzlich das Gefühl gehabt, dass Toni hinter ihm stände. Aber da war zum Glück niemand. Trotzdem malte er lieber ein Flugzeug über die Schrift.

Opa Ludwig beobachtete ihn dabei. „Ich habe mal einen gekannt“, sagte er schließlich, „der hat ganz anders gemalt. So.“ Er tunkte seinen Pinsel in einen Farbtopf, ging ein paar Schritte zurück, rannte auf die Mauer los und fuhr wild mit dem Pinsel darauf herum. Das machte er, bis er alle Farben durchhatte.

„Wenn du willst, kannst du dabei auch noch schreien wie Tarzan“, meinte er zu Meik. Aber er selber traute sich das nicht. Die Leute guckten schon.

„Ein Kind darf rennen und fröhlich sein. Aber wenn so ein alter Zausel wie ich mal fröhlich ist, dann halten ihn die Leute gleich für einen übergeschnappten Spinner.“ Meik fand es zwar lustig, so zu malen, aber lieber hätte er ein Bild gehabt, auf dem auch etwas zu erkennen war. Kinder und Autos vielleicht oder eine Landschaft mit Bäumen und einem See mit einem Wasserflugzeug.

Opa Ludwig hatte inzwischen seinen rechten Zeigefinger so krumm gemacht, dass ein kleines Loch entstand. Dadurch betrachtete er das Bild. Meik machte es ihm nach.

So entdeckte er viele Dinge auf dem Bild, die er vorher gar nicht gesehen hatte. Durch das Zeigefingerloch sah alles ganz anders aus. Da war ein Mondkrater mit einem Ufo, das gerade gelandet war. In der oberen linken Ecke entdeckte er Außerirdische mit dunkelblauen Körpern und langen, roten Armen.

„Hier ist der Sonnenaufgang von der Venus aus zu sehen“, rief Opa Ludwig, „und dort der Affe Archibald im Urwald.“

„Nein“, schrie Meik, „das bist du in deinem Garten!“ Er drehte sich um, schaute durch sein Loch in den Himmel, zu den Häusern, die Straße hinunter …

„Und da ist Onkel Hermann mit einem riesigen Blumenstrauß.

Tatsächlich, da ging Onkel Hermann. Er trug seinen allerbesten grauen Anzug und einen schmalen Lederschlips, den Meik sonst nur bei jungen

Männern gesehen hatte. Jetzt bog er um die Straßenecke. Er schien es sehr eilig zu haben.

„Sapperlot!“, stieß Opa Ludwig hervor und wollte über die Straße, aber es kamen gerade Autos. Als die Straße frei war, hatte Onkel Hermann bereits einen beträchtlichen Vorsprung. Opa Ludwig musste rennen. Diesmal sogar mit dem Pinsel in der Hand.

„Hermann, so warte doch, Her-mann!“, rief er und fuchtelte mit dem Pinsel herum. Die anderen Passanten machten ihm erschrocken Platz. Onkel Hermann beachtete ihn nicht. Erst als Opa Ludwig ihn eingeholt hatte und sich ihm in den Weg stellte, blieb er stehen und wich vor dem tropfenden Pinsel zurück.

„Schmier mir meinen Anzug nicht voll.“ Onkel Hermann streckte beide Arme aus, damit ihm Opa Ludwig nicht zu nahe kam. In der einen Hand hielt er den Blumenstrauß.

Opa Ludwig schnupperte an den Blumen, lugte um den Strauß herum und musterte Onkel Hermann. „Wie siehst du denn aus!“

„Das musst ausgerechnet du sagen“, schnaufte

Onkel Hermann, „mit deinen Farbklecksen siehst du aus wie ein Papagei.

„Und du stolzierst herum wie ein aufgeplusterter Pfau."

„Ich habe eine Verabredung, und zwar nicht mit dir. Also lass mich vorbei."

Opa Ludwig begutachtete noch einmal den Blumenstrauß und stellte fest: „Du scheinst ja ganz schön verknallt zu sein."

„Und wenn es so wäre, meinst du, das geht dich was an?", fragte Onkel Hermann kühl.

„Also hör mal, ich bin schließlich dein Bruder!"

Onkel Hermann sah ihn mitleidig an. „Ja, du bist mein Bruder, mein kleiner, dummer Bruder."

Zum Schluss wurde Onkel Hermann ziemlich laut, dann drehte er sich um und ging weiter. Die Passanten fingen an zu tuscheln. Opa Ludwig schaute böse in die Runde und stapfte zu Meik. Er versuchte zu grinsen und säuselte: „Jung gefreit, nie gereut."

Meik sah ihn an, ohne zu lachen. „Warum machst du dich über ihn lustig?"

„Was denn, was denn", rief Opa Ludwig, „fängt

mein lieber Herr Bruder mit seinen fast achtzig Jahren an herumzuturteln, wie? Und ich soll da ruhig zusehen?“

„Du hast dich selber darüber beschwert, dass alte Leute für Spinner gehalten werden, wenn sie fröhlich sind.“

„Es ist ja wohl ein Unterschied …“, rief Opa Ludwig, aber dann verstummte er, brummelte nur ab und zu vor sich hin und stupste den Pinsel gegen die Mauer. Schließlich schielte er zu Meik hinüber. „Du meinst also, ich habe ihm Unrecht getan?“

Meik nickte.

Opa Ludwig brummte wieder und seufzte. „Dann werde ich mich heute Abend wohl bei Hermann entschuldigen müssen.“

Später brachte Opa Ludwig Meik zur S-Bahn. Als der Zug einfuhr, schlug sich Opa Ludwig gegen die Stirn. „Fast hätte ich ja das Allerwichtigste vergessen.“ Er zerrte einen zerknitterten Brief aus seiner Jackentasche, strich ihn glatt und gab ihn Meik. „Der ist von Christine. Sie lädt dich zu ihrem Geburtstag ein.“

Christine wurde meistens Chris gerufen und war Opa Ludwigs Enkelin. Sie wohnte auch in Teltow, aber in der Neubausiedlung.

Opa Ludwig schob Meik in die S-Bahn, blieb zurück und winkte durch das Fenster.

3

Chris war ein halbes Jahr jünger als Meik. Solange er denken konnte, trug sie unter ihren blonden Haaren kleine Ohrringe. Ihr Geburtstag fiel dieses Jahr auf den Himmelfahrtstag. Die West-Berliner hatten frei, in der DDR war es kein Feiertag. Chris musste in die Schule, Bärbel und Dieter mussten zur Arbeit. Trotzdem fuhren Meik und seine Mutter schon frühmorgens los, um vorher noch Opa Ludwig und Oma Eli zu besuchen.

Jedes Mal, wenn sie in die DDR fuhren, standen sie schon um halb fünf auf. Viel zu früh, fand Meik, als seine Mutter ihm die warme Bettdecke wegzog und ihn erbarmungslos ins Bad trieb. Mit hochgezogenen Schultern blieb er vor dem Spiegel stehen. Er fröstelte. Seine Mutter rief aus dem Flur: „Wenn ich schon fünfundzwanzig Mark Eintrittsgeld zahlen muss, dann soll es sich wenigstens lohnen.“

Kurz darauf drückte sie die Tür auf, steckte

ihren Kopf herein und schaute Meik beschwörend an. „Dass du mir niemals ‚Eintrittsgeld‘ an der Grenze sagst! Es heißt ‚Zwangsumtausch‘.“

Denn sie bekam ja fünfundzwanzig Mark wieder. Allerdings Ost-Mark. Und die waren nicht so viel wert, meinte Meiks Mutter. Denn manche Sachen – wie Coca-Cola – gab es für Ost-Mark nicht zu kaufen. Dafür konnten sie mit den fünfundzwanzig Ost-Mark viel mehr Eis und Würstchen kaufen, als mit fünfundzwanzig Mark im Westen der Stadt.

Meik war gerne mit seiner Mutter im Osten. Sie war dort viel spendabler als zu Hause. „Irgendwie müssen wir das Geld ja ausgeben“, sagte sie immer und kaufte ihm viele schöne Sachen. Einmal hatten sie sich in Teltow bunte Lampions gekauft, mit denen sie dann abends den Balkon beleuchtet hatten, und einmal eine Adventskerze, von der jeden Tag nur ein bestimmtes Stück abgebrannt werden durfte.

Und bei einem Spaziergang mit Opa Ludwig hatte er einmal die Hauer von einem Wildschwein gefunden. Meik fuhr wirklich gern nach Teltow, nur das Aufstehen war schrecklich und dann die Fahrt in der kalten Morgendämmerung.

Am Bahnhof Friedrichstraße stiegen sie aus der S-Bahn. Über mehrere Treppen kamen sie in einen großen Raum mit einer Reihe von Abfertigungsschaltern. Davor hatten sich fünf lange Schlangen gebildet. Meist waren es alte Leute, die dort mit prall gefüllten Reisetaschen warteten.

Ab und zu klackte es. Dann ging vorne eine Tür kurz auf. Die Omas und Opas in der Schlange schoben ihre Taschen auf dem Boden ein Stück weiter und rückten zwei kleine Schritte vor.

Das Warten war das Schlimmste von allem. Sich eine Stunde zu langweilen hätte Meik ja noch ertragen, aber eine Stunde herumstehen, wo er kaum die Augen offen halten konnte vor Müdigkeit, das war echt Folter. Meik sehnte sich danach, in einem S-Bahn-Abteil weiterschlafen zu können.

Endlich waren sie an der Reihe. Sie zwängten sich in den schmalen Gang zwischen zwei Abfertigungshäuschen und blickten zu dem Polizisten hinter der Glasscheibe hinauf. Meiks Mutter schob ihren Ausweis und die anderen Papiere unter der Glasscheibe durch. Über ihnen hing ein großer Spiegel, damit sich niemand heimlich vorbeischleichen konnte. Der Polizist klappte den Ausweis auf und schaute sich das Passbild an. Ohne eine Kopfbewegung taxierte sein Blick Meiks Mutter, vertiefte sich prüfend in den Ausweis, taxierte Meiks Mutter, Ausweis, Mutter, Ausweis, Mutter. Meiks Mutter neigte den Kopf etwas zur Seite und lächelte. Es sah genauso blöd aus wie auf dem Passbild.

Der Polizist klappte den Ausweis zu. „Frau Ingeborg Fleck?“

Meiks Mutter zuckte zusammen. „Ja?“

„Warten Sie bitte in der Halle.“

„Ist etwas nicht in Ordnung?“, fragte Meiks Mutter verunsichert.

„Gehen Sie zurück, Sie werden dann aufgerufen.“ Der Polizist blickte sie unwillig an.

„Aber …“ Meiks Mutter verstummte. Sie atmete tief ein und ging. Meik blieb dicht bei ihr.

Da standen sie nun und mussten schon wieder warten. Es klackte und schlurfte, gedämpfte Stimmen antworteten auf kurze Fragen. Wenn unten eine S-Bahn ankam, drängte ein neuer Schub Reisender in die Halle und verteilte sich auf die Warteschlangen. Meik wusste nicht, worauf er wartete. Seine Mutter wusste es auch nicht und reagierte auf seine ungeduldigen Fragen immer gereizter.

Eine Polizistin bahnte sich einen Weg durch die Wartenden. Sie steuerte auf Meik und seine Mutter zu. Die Abzeichen und Ehrenspangen an ihrer Uniform zeigten, dass sie mehr zu sagen hatte als andere.

„Frau Ingeborg Fleck, Ihnen kann die Einreise in die Deutsche Demokratische Republik nicht gestattet werden." Sie gab Meiks Mutter den Ausweis zurück und ging sofort wieder.

„Warum dürfen wir denn nicht zu Opa Ludwig?", fragte Meik.

„Woher soll ich das wissen?", fuhr ihn seine Mutter an. Sie drängelte sich noch einmal zu dem Abfertigungshäuschen und sprach mit dem Polizisten. Als sie zurückkam, merkte Meik schon an ihrem Gang, dass er jetzt keine Fragen stellen durfte. Seine Mutter kochte vor Wut. Erst als sie wieder in die S-Bahn gestiegen waren, zischte sie: „Diese arroganten Scheißer behaupten, dass sie mich auf dem Passfoto nicht erkennen können. Das ist reine Schikane. Und wir können nichts dagegen tun."

Meik war wütend, dass die ganze Warterei und das frühe Aufstehen umsonst gewesen waren. Und er war traurig, dass er nicht zu Opa Ludwig und Chris konnte. Aber seine Mutter gab noch nicht auf.

Sie probierten es an einem anderen Grenzübergang. Vielleicht waren die Vopos hier freundlicher. Eine Straße führte über die Grenze und die meisten waren im Auto gekommen. Die Schlange für die Fußgänger war nur kurz. Schon musste Meiks Mutter ihren Ausweis vorzeigen. Meik hielt die Luft an. Ob sie jetzt wieder weggeschickt wurden?

Die Polizistin gab den Ausweis zurück und lächelte freundlich. Sie konnten weitergehen. In einer kleinen Baracke stand ein dicker Mann hinter einem Tisch. Er war vom Zoll und wollte wissen, was sie alles dabeihatten. Meiks Herz begann schneller zu schlagen. Schlagartig war er hellwach.

Seine Mutter hatte alles, was in der DDR bleiben sollte, auf einen Zettel geschrieben: zwei Pfund Kaffee, zehn Tafeln Schokolade, ein Kasten Konfekt, zwölf Bananen, ein Netz Orangen. Sie hatten aber noch etwas Verbotenes dabei, tief unten in der Tasche versteckt. Ein Buch. Das war verboten. Bücher aus dem Westen durften nicht in die DDR mitgenommen werden. Meik hatte die Geschichte schon viermal gelesen, weil er es so gut fand. Nun wollte er es unbedingt Chris zum Geburtstag schenken.

Der dicke Mann vom Zoll war nett. Er warf nur einen kurzen Blick in die Tasche, dann war er schon zufrieden. Er wollte gerade Meiks Mutter den Zettel wiedergeben, da ging die Tür auf und ein anderer Zöllner stolzierte herein.

„So, ich mach weiter“, sagte er zu dem Dicken. Bevor Meiks Mutter den Zettel greifen konnte, schnappte er ihn sich.

„Aha“, stellte er fest, „das haben Sie also dabei.“

Meiks Mutter nickte. „Ja, das hat Ihr Kollege gerade kontrolliert.“

Der Zöllner musterte sie streng. „Da ich nicht annehme, dass Sie etwas zu verbergen haben, wird es Ihnen sicher nichts ausmachen, wenn ich das noch einmal kontrolliere.“

Es dauerte eine Weile, bis Meik verstanden hatte, was der Zöllner meinte. Meik mochte ihn nicht. Wer so geschwollen redete, wollte sich nur wichtig machen.

Nun musste Meiks Mutter die Tasche auspacken. Der Zöllner stand mit verschränkten Armen daneben und gab Befehle. Zeigen Sie dies, öffnen Sie das, was ist darin, und so weiter. Bald war der ganze Tisch voll. Das Portmonee musste Meiks Mutter ausschütten, den Lippenstift aufmachen und sogar den Regenschirm aufspannen. Je mehr Sachen sie aus der Tasche herausbeförderte, umso finsterer wurde der Blick des Zöllners.

Zum Schluss musste sie die Tasche umdrehen und schütteln. Da fiel das Buch heraus.

„Aha, was ist denn das?“ Die Mundwinkel des Zöllners zuckten in einem triumphierenden Lächeln. Meik hätte ihm am liebsten die Zunge rausgestreckt. Natürlich sah der Zöllner, dass es ein Buch war, aber er stellte sich dumm, um seinen Sieg besser auskosten zu können.

„Sie haben gegen die Zollbestimmungen verstoßen“, sagte er plötzlich scharf, „und Sie werden sich für die illegale Verbreitung von Druckerzeugnissen verantworten. Kommen Sie mit.“

Das war zu viel. Meik riss das Buch an sich und rannte zur Tür. Die Tür war verschlossen.

Verzweifelt rüttelte er daran. Hinter sich hörte er die Stimme des Zöllners: „Frau Fleck, passen Sie besser auf Ihren Sohn auf. Ich könnte mich sonst gezwungen sehen, von meiner Schusswaffe Gebrauch zu machen.“ Eine Hand legte sich auf Meiks Schulter. Er zuckte zusammen. Aber es war nur seine Mutter. Sie zog ihn zurück. Meik spürte, wie ihre Hand zitterte.

Das Buch nahm der Zöllner, die anderen Sachen durften sie wieder in die Tasche packen. Dann mussten sie dem Zöllner in eine andere Baracke folgen, wo er sie in einem kahlen Raum warten ließ.

Sie saßen auf harten Stühlen und schwiegen. Ob sie nun in ein Gefängnis gesperrt wurden? Lars würde sich bestimmt wundern, wenn Meik plötzlich nicht mehr in die Schule kam. Vielleicht würde er bis zu den Sommerferien im Gefängnis bleiben müssen. Oder länger? Aber wegen eines Buches konnten sie das doch nicht machen. Er hatte es doch nicht gestohlen. Aber das, was der Zöllner ihnen vorgeworfen hatte, hatte sich sehr schlimm angehört.

Meik dachte an Chris, die sich bestimmt über das Buch gefreut hätte. Und er dachte an Opa Ludwig, der nie Schwierigkeiten an der Grenze hatte, obwohl er manchmal etwas Verbotenes dabeihatte. Jetzt wartete er sicher schon ungeduldig auf sie.

Die Tür wurde so abrupt aufgerissen, dass Meiks Mutter im gleichen Moment aufsprang. Auch Meik fuhr instinktiv in die Höhe. Unsicher folgten sie der angedeuteten Kopfbewegung des Zöllners in den Nebenraum. Hinter einem Schreibtisch thronte einer, bei dem Meik vor lauter Abzeichen die Uniform kaum noch erkennen konnte.

Nun ging alles sehr schnell. Meiks Mutter musste eine hohe Strafe bezahlen, das Buch bekamen sie nicht wieder, der Mann hinter dem Schreibtisch schickte sie fort, und der Zöllner passte auf, dass sie nach West-Berlin zurückgingen. Sie durften nicht in die DDR.

Kaum waren sie wieder im Westen, da musste Meik über sich selber lachen. Wegen des Buches ins Gefängnis! Wie hatte er so etwas denken können. Im Gegenteil, der Zöllner müsste ins Gefängnis. Hatte er ihnen nicht das Buch gestohlen?

Als sie in Steglitz aus der S-Bahn stiegen, um mit dem Bus nach Hause zu fahren, fragte Meik: „Warum dürfen wir keine Bücher mitnehmen?"

„In der DDR darf nur das gelesen werden, was die Regierung für gut hält."

„Aber das Buch ist doch gut", rief Meik.

Seine Mutter lachte auf. Es war kein fröhliches Lachen. „Die Regierung hält andere Sachen für gut. Sie hat Angst, die Macht zu verlieren, wenn die Menschen zu viel lesen."

„Wer ist die Regierung?"

„Erich Honecker zum Beispiel."

Meik erinnerte sich an den Spruch auf der Mauer und sagte: „Erich halt's Maul."

Seine Mutter sah ihn erschrocken von der Seite an. „Dass du mir so was niemals an der Grenze sagst." Dann lachte sie kopfschüttelnd. Meik sagte es noch einmal, schrie es dem heranfahrenden Bus entgegen. Aber die Wut über den verdorbenen Tag saß tiefer und ließ sich nicht so einfach herausschreien.

Zu Hause warf sich Meik aufs Bett und blätterte lustlos in einem alten Fußballheft. Dabei dachte er an Opa Ludwig und Chris. Mit aller Kraft schleuderte er das Heft quer durchs Zimmer, ging in die Küche und starrte trübsinnig aus dem Fenster zur Mauer. Dort drüben feierten sie Geburtstag …

„Soll ich uns was zu essen machen?" Die Stimme seiner Mutter klang anders als sonst. Meik drehte sich um. Ihre Augen waren gerötet, das Gesicht noch feucht.

„Hast du geweint?"

„Ach ist schon gut", wehrte sie ab.

„Was denn?"

„Ich bin wütend wegen vorhin. Warum dürfen wir nicht einfach unsere Familie in Teltow besuchen, warum dürfen die Menschen drüben nicht lesen, was sie wollen?“ Meiks Mutter schnäuzte sich. „Die können doch mit uns machen, was sie wollen. Und der zweite Zöllner hat seine Macht so richtig ausgenutzt. Ein richtiges Schwein war das.“ Sie zog eine Grimasse und grunzte. Meik fand es gut, dass seine Mutter das so sagte.

In der Nacht träumte er, vor einem Vopo wegzurennen. „Stehen bleiben oder ich mache von meiner Schusswaffe Gebrauch!“, schrie ihm der Vopo hinterher. Meik rannte weiter, obwohl es keine Deckung für ihn gab. Überall nur Sand. In der Ferne eine Mauer mit einer Tür. Die einzige Chance zu entkommen. Sosehr sich Meik auch anstrengte, er wurde immer langsamer, und der Vopo kam immer näher. Endlich hatte Meik die Tür erreicht und rüttelte daran. Da schoss der Vopo.

Von den Schüssen wachte Meik auf. Die hatte er nicht geträumt. Es wurde wirklich geschossen. Ganz in der Nähe. Dort war ein abgesperrtes Gelände für die amerikanischen Soldaten. Zum Krieg-üben. Damit sie West-Berlin verteidigen konnten, wenn die Russen kamen. Zwar fürchtete jetzt niemand mehr, dass hier ein Krieg ausbrechen könnte, aber geübt wurde trotzdem noch.

4

Am nächsten Morgen traf Meik vor der Schule Lars und erzählte ihm alles. Sie merkten nicht, dass Enrico in der Nähe herumschlich und mithörte.

In der großen Pause wusste dann auch Toni Bescheid. Er kam zu Meiks Platz, nahm eines seiner Hefte in die Hand und schaute ernst auf das Namensschild. Dann musterte er Meik. „Herr Michael Fleck, mochen Se mol Ihr Ohr frey und guggen Se här, wenn ich mit Ihnen räde." Das sollte sich so anhören wie der sächsische Dialekt, in dem manche Vopos redeten.

Enrico war in die Klasse gekommen und lachte lauthals los. Toni sah sich prüfend um. Auch die anderen grinsten. Wenn Toni einen Witz machte, musste jeder darüber lachen oder er bekam Ärger.

Meik riss Toni das Heft aus der Hand, warf es auf den Tisch und rannte hinaus auf den Hof. Warum grinsten die anderen so blöd? Warum sagte nicht einer mal: He, Toni, deine Witze sind stinklangweilig. Meik stieß wütend einen Stein fort. Er war ja genauso feige. Im Grunde war jeder froh, wenn es einen anderen traf und er selber ungeschoren davonkam.

Lars stupste ihn. „Mach dir einfach nichts draus."

Meik blickte auf. Die Wut hatte sich in seiner Kehle festgesetzt. Er schluckte, wollte etwas sagen, musste sich räuspern und schwieg dann lieber. Toni und Enrico kamen über den Hof auf ihn zu. „Du wolltest rüberfahren, um mit einem kleinen Mädchen zu spielen." Toni sagte es in einem Ton, als ob es das Schlimmste auf der Welt wäre. Und dann trällerte er laut los: „Michel ist verli-iebt, Michel ist verli-iebt."

„Gar nicht wahr", schrie Meik dazwischen, „das stimmt nicht."

Toni winkte Enrico zu sich. „Los, sag ihm, was du weißt."

Enrico stellte sich neben Toni und kniff die Augen zusammen. „Du bist dauernd bei einem Mädchen im Osten. Chris heißt sie. Ich habe genau gehört, wie du dich mit Lars darüber unterhalten hast."

Vor Enrico hatte Meik keine Angst. Er ging einen Schritt auf ihn zu. „Dann musst du dir mal die Ohren waschen. Chris ist mein Cousin und viel stärker als du. Stimmt's, Lars?"

Lars hielt natürlich zu Meik und nickte.

„Kann gar nicht sein", schrie Enrico, „Chris ist die Abkürzung von Christine, hast du selber gesagt, und das ist ja wohl ein Mädchenname."

„Chris ist die Abkürzung von Christian, du Depp." Meik war froh, dass ihm das so schnell eingefallen war. Er wusste, dass seine Lüge niemals herauskommen konnte, denn Chris durfte ja nicht in den Westen kommen.

Toni blickte verwirrt von Meik zu Enrico. Er wusste nicht, wer Recht hatte. Schließlich schlug er Enrico auf die Schulter und ging mit ihm weg.

Einmal drehte er sich noch um und drohte mit der Faust. „Wehe, wenn du gelogen hast."

Nicht weit von Meiks Wohnung entfernt gab es einen Kanal mit vielen Bäumen und Büschen am

Ufer. Er war vor fast hundert Jahren, lange vor der Mauer und lange vor dem Krieg, gebaut worden und hieß Teltow-Kanal.

Als Meik ein paar Tage später mit seiner Mutter eine Radtour an dem Kanal entlang machte, traf er Toni und Enrico. Sie tauchten urplötzlich auf, als Meik auf einer Wiese den Picknickkorb auspackte. Höflich fragten sie, ob sie sich dazusetzen dürften. Dann erkundigte sich Toni bei Meiks Mutter: „Haben Sie denn inzwischen was von dem Cousin in Teltow gehört?“

Meik bekam einen Riesenschreck. Was für eine hinterhältige Frage! Toni versuchte herauszubekommen, ob er neulich gelogen hatte.

Seine Mutter lächelte. „Hat Micha dir von dem missglückten Besuch erzählt? Nein, ich habe von meinem Cousin noch nicht wieder gehört.“

Meik atmete auf. Noch war nichts verraten. Jetzt schnell das Thema wechseln. Aber wie?

„Da drüben laufen Füchse“, rief er und sprang auf.

Auf der anderen Seite des Kanals führte ziemlich nah am Wasser die Mauer entlang. Davor war ein schmaler Wiesenstreifen, den nie jemand betrat. Kein Wunder, dass sich dort eine Fuchsfamilie wohlfühlte. Sie war genau im richtigen Moment aus ihrem Bau gekommen.

Toni war abgelenkt. Er kramte ein Fernglas aus seiner Tasche heraus. „Das hatte ich eingesteckt, um Vögel zu beobachten", sagte er und starrte hindurch. Dann gab er es Meik, als wenn sie alte Freunde wären.

Die beiden blieben noch eine Weile und spielten mit Meik Fußball. Toni sagte nichts mehr über den Cousin in Teltow. Er war wohl mit der Antwort von Meiks Mutter zufrieden.

Als sie sich an der Kanalbrücke trennten, schaute Meiks Mutter den beiden hinterher. „Nette Jungs. Sind die auch aus deiner Klasse? Warum lädst du sie nicht mal ein?"

Meik blickte seine Mutter entsetzt an. Das hätte ihm gerade noch gefehlt. Manchmal hatte sie wirklich die verrücktesten Gedanken.

5

Sie fuhren nach Teltow. Meik und seine Mutter hatten es geschafft. An der Grenze hatte es diesmal keine Schwierigkeiten gegeben.

„Schade nur, dass wir das Buch für Chris nicht mehr haben“, sagte Meik. Seine Mutter lächelte ihn tröstend an.

Sie stiegen in der Neubausiedlung aus, um Chris und ihre Eltern abzuholen. So wie Chris rief auch Meik die Eltern bei den Vornamen: Bärbel und Dieter.

Dieter war der Sohn von Opa Ludwig, aber er war ruhiger, redete nie viel, nur wenn Chris und Meik zu laut wurden, brummte er manchmal: „Nun lasst es mal gut sein.“

Bärbel kannte viele tolle Geschichten. Sie arbeitete in der Volksbuchhandlung und konnte sich dadurch auch die seltenen Bücher besorgen. Das waren Bücher, die in der DDR zwar nicht verboten waren, die die Regierung aber nicht sehr mochte und von denen sie deswegen nicht genügend drucken ließ.

Chris war noch bei einem Treffen der Thälmann-Pioniere. „Wir können schon zu Opa Ludwig gehen“, sagte Bärbel, „Chris kommt dann nach.“

Bei Opa Ludwig war mehr Platz als in der Hochhauswohnung. Meik fand es auch interessanter. Es gab dort einen Schuppen, der war mit lauter angerostetem Kram vollgestellt. Da standen zwei Autos, die nicht mehr fuhren, ein alter Traktor und – das Beste – ein Pferdewagen. Vorn war der Kutschbock und dahinter die Bank, die durch ein Faltverdeck vor Sturm und Regen geschützt war.

Zwischen dem Schuppen und dem Haus liefen die Hühner in einem abgezäunten Gehege. Im Schatten lag Bob, der große schwarze Hund. Auf seinem Rücken hatte sich Mini-Tiger, das braunweiß gestreifte Kätzchen, zusammengerollt. Jetzt sprang Bob hoch und kam bellend auf Meik und die anderen zugelaufen. Mini-Tiger flog in die Luft, schaute sich erschrocken um und landete automatisch auf allen vieren. Dann schoss sie davon, flitzte am Hühnergehege entlang und sprang mit einem Riesensatz auf den Holzstoß an der Schuppenwand.

Die Hühner gackerten aufgeregt und stoben flügelschlagend auseinander.

In dem Moment kam Opa Ludwig aus dem Schuppen. Er schob ein altes schwarzes Fahrrad und wollte gerade zum Fleischer fahren. Meik begleitete ihn. Es war nicht weit.

„Der hat ja gar nichts mehr“, sagte Meik enttäuscht, als er durch das Schaufenster in den Laden sah. „Nur noch ein paar Würste.“

„Und die kann man nicht kaufen“, sagte Opa Ludwig, „die müssen liegen bleiben, damit jeder weiß, dass es eine ausverkaufte Fleischerei und keine ausverkaufte Bäckerei ist.“

„Wieso? Hat der Bäcker auch nichts mehr?“, fragte Meik.

Opa Ludwig schüttelte den Kopf und lachte ihn aus. „Um diese Uhrzeit doch nicht mehr.“

Meik schaute verwirrt auf seine Uhr. Bei ihm zu Hause gab es immer was zu kaufen, auch samstags um elf. „Was machen wir denn jetzt?“, fragte er enttäuscht.

„Wir gehen rein“, sagte Opa Ludwig, „der Fleischer fährt nämlich einen Trabbi.“

Meik verstand das nicht. Aber es klappte wunderbar. Als die Ladentür klingelte, kam der Fleischer und holte unter dem Ladentisch ein großes Paket mit Fleisch und Würstchen hervor. Opa Ludwig zwinkerte Meik zu und bezahlte.

Als sie wieder draußen waren, erklärte Opa Ludwig: „Ich habe doch in der Autowerkstatt für Trabbis gearbeitet. Wenn nun der Trabbi vom Fleischer kaputt war, kam er zu mir und ich habe sofort repariert. Normalerweise hätte er eine Woche warten müssen, bis er an der Reihe gewesen wäre. Dafür hat er mir die besten Stücke Fleisch zurückgelegt.“

„Und die anderen haben kein Fleisch mehr bekommen?“

„Doch“, beruhigte ihn Opa Ludwig, „aber die mussten sich eben anstellen. Am besten schon bevor der Fleischer aufmachte. Sonst war das Beste schon ausverkauft, bis sie an die Reihe kamen.

Das ist mir häufig beim Bäcker passiert. Der fuhr nämlich einen Wartburg."

„Und da hat der Bäcker seinen leckersten Kuchen lieber für den aufgehoben, der den Wartburg reparieren konnte", rief Meik.

„Genau so." Opa Ludwig hob den Zeigefinger und kicherte. „Aber die Tochter vom Bäcker fuhr einen Trabbi. Wenn der kaputt war, hat mir der Bäcker auch mal einen besonders guten Kuchen gemacht, damit ich ihn schnell repariere."

„Aber jetzt arbeitest du doch gar nicht mehr", stellte Meik fest.

„Aber den Trabbi vom Fleischer repariere ich immer noch. Nur die Tochter vom Bäcker ist nach Leipzig gezogen." Opa Ludwig machte ein trauriges Gesicht. „Seitdem habe ich keinen Vorteil mehr beim Bäcker."

Zu Hause warf er das Fleischpaket auf den Küchentisch. Oma Eli wischte sich die Hände an ihrer Schürze ab und drückte Meik an sich. Sie war nass und roch nach Spülmittel.

„Meine Güte, Junge, bist du groß geworden", sagte sie und drückte ihn noch einmal. Das sagte sie jedes Mal, wenn sie Meik sah. Es gehörte einfach zur Begrüßung. Dann begutachtete sie das Fleisch, war offensichtlich zufrieden, und Opa Ludwig ging zu den anderen in den Garten. Meik blieb noch. Es zog ihn an, Oma Elis Küchenreich, in dem sie über auszuleckende Schüsseln herrschte, über blubbernde Töpfe und Gerüche, die Meik erwartungsvoll schlucken ließen. Es stieß ihn aber auch ab, dieses Reich, in dem Oma Eli keinen Widerspruch duldete, wo alles nach ihren lebenslang erprobten Gesetzen ablief. Hier durfte Meik nur das tun, was ihm Oma Eli ausdrücklich erlaubte.

Meik stand unschlüssig in der Küche herum, während Oma Eli Vanillesoße kochte. Er war ihr im Weg, er merkte es. Schließlich stellte sie ihm den Topf auf den Tisch. „So, die Vanillesoße kannst du umrühren, bis sie abgekühlt ist, damit sich keine Haut bildet."

Während Meik rührte, freute er sich schon darauf, den Topf hinterher auszulecken. Da sah er durch das Fenster Chris und noch ein anderes Mädchen über die Wiese kommen. Für eine Weile vergaß er das Rühren, prompt bildete sich eine Haut. Schnell rührte er weiter, damit Oma Eli nichts merkte.

Aber sie merkte es doch, denn in der Soße waren nachher lauter kleine Klümpchen. Und das war eine mittlere Katastrophe.

„Ach, du nichtsnutziger Bengel“, rief sie, „jetzt ist das ganze Mittagessen verdorben. Ach, ich hätte dich das gar nicht machen lassen dürfen.“

Als Meik die Soße durch ein Sieb gießen wollte, riss ihm Oma Eli den Topf so heftig aus der Hand, dass ein Teil der Soße überschwappte. „Nun lass bloß deine Finger davon“, jammerte sie, „du machst das alles noch schlimmer.“

Oma Eli war einfach nicht zu helfen. Fast wollte sie die Soße wegschütten und neue kochen, aber sie hatte kein Vanillepulver mehr.

Dieter kam in die Küche. „Mama“, sagte er händeringend zu Oma Eli, „es ist ja richtig, dass ich als Kind keine Vanillesoße mit Klümpchen gegessen habe. Aber inzwischen bin ich ein erwachsener Mann, so glaub mir doch, es macht mir nichts mehr aus.“

Aber Oma Eli scheuchte alle aus der Küche. Bei ihr durfte es keine Klümpchen in der Vanillesoße geben. Dieter zuckte die Schultern. „Im Haushalt lässt sie sich nicht dreinreden. So ist sie halt. Sie kann nicht über ihren eigenen Schatten springen."

„Über ihren eigenen Schatten springen?" Meik stellte sich Oma Eli vor, wie sie das versuchte und kicherte.

„Na ja, so sagt man, wenn einer eine Gewohnheit hat, die er einfach nicht lassen kann."

Meik überlegte. Wenn seine Mutter ihn das nächste Mal drängte, für die Schule zu lernen, dann würde er auch sagen: Tut mir leid, ich habe mich so daran gewöhnt, faul zu sein, jetzt kann ich nicht über meinen eigenen Schatten springen.

Dann rannte er hinaus zu Chris und dem anderen Mädchen. Als er um die Schuppenecke fegte, standen sie plötzlich vor ihm. Meik versuchte auszuweichen, verlor das Gleichgewicht, seine Arme fuchtelten hilflos umher, er bekam etwas zu packen, fiel hin und schlitterte durch den vom Nachtregen aufgeweichten Boden.

Neben der Pfütze vor der Regenrinne blieb er

liegen. Chris lachte los. Neben Meik lag das andere Mädchen im Matsch. Er hielt es immer noch umklammert. Es schaute ihm ins Gesicht und fragte: „Du bist also Meik?"

Er nickte und ließ es endlich los. „Und du?"

„Das ist meine Freundin Mia", stieß Chris hervor und lachte weiter. „Seht ihr komisch aus!"

Meik guckte Mia an. Sie trug wie Chris ein rotes Halstuch und eine weiße Bluse mit einem Abzeichen. Ihre linke Seite war jetzt voller Schlamm, auch Hals und Gesicht. Nur in ihren braunen Haaren fiel er kaum auf.

Meik sah bestimmt genauso aus. Er fuhr sich mit der Hand über das Gesicht, aber dadurch wurde es nur schlimmer. Mia lachte. Meik wischte sich noch einmal über das Gesicht. Es war voller Matsch. Er musste auch lachen. Schließlich sprang er auf und zog Mia hoch.

„So kommt ihr mir aber nicht ins Haus", rief Oma Eli aus dem Küchenfenster.

Mia zuckte die Schultern. „Dann nehmen wir eben den Gartenschlauch."

Sie liefen zum Wasserhahn am Rasen. Mia hielt

sich den Schlauch über den Kopf, drehte auf und zappelte unter dem Wasserstrahl. Dann war Meik an der Reihe. Das Wasser war furchtbar kalt, aber er tat so, als würde es ihm genauso wenig ausmachen wie Mia. Er wollte sich nicht blamieren. Mia half ihm, den Schlamm aus der Kleidung zu rubbeln.

„Du hast ja richtige Sommersprossen", sagte sie und fuhr mit der Hand über sein nasses Gesicht.

Meik war es unangenehm, wie sie ihm ins Gesicht guckte. Aber sie tat so, als sei es das Selbstverständlichste auf der Welt. Und irgendwie war es auch schön, wie sie ihn ansah.

Chris hatte inzwischen Handtücher und trockene Kleidung geholt. „Na, Meik, willst du lieber einen kurzen oder einen langen Rock anziehen?" Sie grinste.

Meik zog eine Grimasse. Er hatte schon gesehen, dass sie zwei Shorts und keine Röcke in der Hand hielt. Die nassen Sachen wrangen sie aus und hängten sie auf die Leine.

„Was sind das für komische Abzeichen an euren

Ärmeln?“, fragte Meik. „Wieso steht da: Seid bereit?“

„Für Frieden und Sozialismus“, sagten Mia und Chris wie aus einem Mund.

Meik verstand das nicht.

„Na, für Frieden und Sozialismus sind wir immer bereit“, sagte Mia, „das ist die Losung der Pioniere. Deswegen steht das auf unseren Blusen.“

„Und weil wir Thälmann-Pioniere sind, haben wir rote Halstücher und keine blauen mehr wie die Jungen Pioniere“, ergänzte Chris. Sie hatte Meik früher schon mal von den Pionieren erzählt, von Zeltlagern und Geländespielen, aber Meik hatte sie noch nie in Pionierskleidung gesehen. Meik wäre stolz darauf gewesen, mit einem Abzeichen am Ärmel herumzulaufen, für Chris war das aber nichts Besonderes. Sie zog lieber ihre eigenen Sachen an als die Uniform.

Mia lehnte am Lattenzaun. „Wir waren heute bei einem alten Widerstandskämpfer.“

Meik wusste nicht, was das war. Chris und Mia sahen ihn erstaunt an. „Na, das ist einer, der gegen Hitler gekämpft hat, ein Antifaschist.“

Auch das Wort „Antifaschist“ hatte Meik noch nie gehört. Auf einmal waren ihm die beiden fremd. Sie redeten so anders.

Aber als sie alle drei kurz darauf mit Bob über die Wiese rannten, dachte er schon nicht mehr daran und fühlte sich so richtig wohl.

Oma Eli rief sie zum Mittagessen. Als der Nachtisch an die Reihe kam, stellte sie zu dem Schokoladenpudding einen Krug Vanillesoße ohne Klümpchen auf den Tisch und blickte stolz in die Runde. Niemand erfuhr, wie sie das geschafft hatte. Chris beugte sich zu Meik und flüsterte: „Wahrscheinlich hat sie jedes Klümpchen einzeln mit ihrer Haarnadel aufgespießt und herausgeangelt.“

Am Nachmittag, als die anderen faul in den Liegestühlen im Garten lagen, stromerten Meik, Mia und Chris durch die Gegend. Sie liefen eine breite Straße entlang, auf der aber kaum Autos fuhren.

Unter dem Gras des Mittelstreifens entdeckten sie noch alte Straßenbahnschienen.

Meik kratzte mit dem Fuß ein Stück Schiene frei. „Bei mir zu Hause fuhr ganz früher auch eine Straßenbahn, das hat mir meine Mutter mal erzählt. Aber da haben sie die Schienen längst herausgeholt."

Die Straße endete an der Mauer. Dahinter waren hohe Mietshäuser zu sehen. Meik stutzte, lief näher, schaute sich um und zeigte schließlich aufgeregt auf eins der Mietshäuser. „Da, im dritten Stock wohne ich."

„Da wohnst du?" Mia sagte es so, als ob es völlig unmöglich wäre.

„Ja", schrie Meik, „da ist das Küchenfenster. Wir könnten ..." Er schwieg abrupt. Er hatte daran gedacht, dass sie sich hier ja mit großen beschriebenen Tafeln unterhalten könnten. Er würde einen Text zum Küchenfenster hinaushalten und Mia und Chris könnten von der Straße aus antworten. Aber dann dachte er daran, dass Toni das auch lesen konnte.

„Was könnten wir?", fragte Chris.

„Och, nichts." Hier auf der andern Seite der Mauer war Meik sicher vor Toni und er mochte jetzt nicht weiter an ihn denken.

„Hast du ein eigenes Zimmer?", fragte Mia.

„Ja, aber das liegt auf der anderen Seite. Das Fenster neben der Küche gehört schon der Nachbarin. Die beschwert sich immer über die Lautstärke meiner Musik."

Die Musik, die Meik gerne hörte, kannte Mia nicht, und was Mia hörte, kannte Meik nicht. Mit den Büchern und Comics war es genauso.

„Ich würde dich gerne mal besuchen", sagte Mia.

„Das geht nie", seufzte Chris, „wir dürfen da niemals hin."

„Rentner dürfen rüber", sagte Meik und wusste im gleichen Moment, dass er etwas Blödes gesagt hatte. Eine unvorstellbar lange Zeit musste noch vergehen, bis Chris und Mia … Meik schaute die beiden an.

Konnten aus Kindern denn überhaupt jemals Rentner werden? Meik schüttelte sich. Das waren Sachen, die konnte er einfach nicht denken.

„Bei uns ist die Mauer ganz bunt", sagte er, „schade, dass wir keine Farben dabeihaben." Er erzählte davon, was er neulich mit Opa Ludwig gemacht hatte. Mia und Chris starrten ihn entsetzt an. „Aber das darf man doch nicht“, sagte Chris, „dafür kann man eingesperrt werden.“

„Bei uns hat niemand was dagegen.“ Meik hätte gern mit den beiden einmal die Mauer bemalt.

Aus dem Fenster des Wachturms, der auf dem Todesstreifen genau dort stand, wo früher die Straße weiterführte, lehnte sich jetzt ein Soldat und beobachtete sie mit dem Fernglas.

„Kommt, gehen wir lieber“, sagte Chris, „wenn wir so lange in der Nähe der Mauer bleiben, machen wir uns verdächtig.“

Meik schaute zu dem Soldaten hoch, winkte heftig und schrie laut: „Huhu.“

Mia stieß ihn in die Rippen. „Spinnst du.“ Dann rannten sie weg. Schwer atmend kamen sie wieder zu Opa Ludwigs Haus, verkrochen sich im Schuppen und verschnauften im Pferdewagen. Chris holte für jeden eine Limo.

„Kommt, wir spielen Königskutsche.“ Mia kletterte auf den Kutschbock, fand eine Peitsche und trieb die Pferde an. Weil es keine echten Pferde gab, schlug sie mit der Peitsche über die kaputten Trabbis, die vor dem Pferdewagen abgestellt waren. Meik und Chris saßen hinten unter dem Verdeck. Sie waren Prinz und Prinzessin. Die Prinzessin hatte einen kostbaren Fächer aus einer alten Zeitung, mit der sie sich königlich frische Luft zufächelte.

Da schlich sich aus dem Dickicht des Gerümpels ein Räuber heran. Der war echt, mit rußgeschwärztem Gesicht, hochgeschlagenem Mantelkragen und tief ins Gesicht gezogener Mütze. Die Prinzessin wurde gepackt, schrie auf, und ehe der Prinz helfen konnte, hatte der Räuber sie sich über die Schulter geworfen und schleppte sie davon.

Der Prinz rannte hinterher. Am Wasserhahn blieb er stehen, griff nach dem Gartenschlauch und schrie: „Stehen bleiben oder ich schieße mit Wasser."

Der Räuber blieb stehen und drehte sich um. Prinz Meik lachte. „Ich habe Sie erkannt, Räuberhauptmann Ludwig. Geben Sie mir die Prinzessin zurück oder ich spritze Ihnen den Ruß vom Gesicht."

Da ließ Opa Ludwig die Prinzessin wieder frei.

Oma Eli schaute von ihrem Strickzeug auf und rief: „Jaja, die Räubersleut suchen sich zum Rauben immer junge Mädchen aus. Unsereins hat das Nachsehen. Oder hat einer von euch schon mal ein Märchen gelesen, in dem eine alte Oma geraubt wurde?“

„Irgendwann ist immer das erste Mal“, rief Opa Ludwig, lief zu ihr hin und packte sie um die Taille. Er wollte sie hochheben, aber Oma Eli war schwerer als Chris.

„Ludwig“, rief sie entsetzt, „lass das! Ludwig, sei doch vernünftig.“

Aber Opa Ludwig hatte es sich nun einmal in den Kopf gesetzt, seine Eli zu entführen. Er schaffte es, sie ein Stück hochzuheben, dann verlor er das Gleichgewicht und die beiden purzelten ins Erdbeerbeet. Bob kam bellend angerannt und versuchte Opa Ludwig das Gesicht abzulecken.

„Siehst du, die schönen Erdbeeren“, jammerte Oma Eli, aber dann lachte sie doch. Opa Ludwig lachte nicht. Ihm tat der Rücken weh. Er stand auf und humpelte ins Haus. Oma Eli blickte ihm kopfschüttelnd hinterher.

Am Abend schmückten sie den Hof mit Lampions und Papiergirlanden. Dieter zündete ein Grillfeuer an und nacheinander setzten sich alle um den großen runden Tisch. Mias Eltern waren auch gekommen. Als die Würstchen schon fertig gebrutzelt waren, kam Opa Ludwig als Letzter angeschlurft.

Meik lief auf ihn zu. „Tut's weh?"

„Ach, was", brummte Opa Ludwig. Aber an diesem Abend war er nicht so lustig wie sonst.

„Auf dem Campingplatz werden wir bestimmt auch oft grillen", sagte Chris zu Mia.

„Auf welchem Campingplatz?", fragte Meik.

Mia erzählte, dass sie in den Sommerferien zusammen verreisen wollten. Nicht mit den Thälmann-Pionieren, wie Meik im ersten Moment dachte, sondern mit ihren Eltern. Campingurlaub an einem See! Während Mia und Chris davon schwärmten, wurde Meik immer trauriger. Seine Mutter hatte noch gar nichts für den Sommer gebucht, und wenn, dann wurde es bestimmt nicht so schön wie ein Campingurlaub mit Mia, Chris und den anderen. Meik knabberte enttäuscht an seinem Würstchen und hörte nicht, was um ihn herum geschah.

Chris tuschelte zuerst mit ihrer Mutter, die dann mit Dieter und Mias Mutter. Während Mias Mutter noch mit ihrem Mann flüsterte, beugte sich Dieter bereits zu Meiks Mutter. Meiks Mutter wiegte nachdenklich den Kopf, sagte „aber die ganzen Formalitäten“ und hatte auch noch andere Einwände.

„Aber Ingeborg“, sagte Bärbel nun laut und wies mit einer Kopfbewegung auf Meik.

Meiks Mutter seufzte. „Also gut, einverstanden, aber ich weiß noch nicht sicher, ob ich da Urlaub bekomme.“

Chris stieß einen Freudenschrei aus. Meik schreckte auf und blickte verwirrt in die Runde. Alle lächelten ihn plötzlich an, er fühlte sich zum Narren gehalten und kniff ärgerlich die Augen zu schmalen Schlitzen zusammen.

„Wir fahren zusammen in den Urlaub“, schrie Chris.

„Ich weiß, dass ihr zusammen fahrt“, sagte Meik zornig.

„Du Blödmann, wir alle zusammen.“ Chris rüttelte an seinem Arm. „Du kommst mit.“

Meik blickte sie ungläubig an, sah dann seine Mutter nicken und musste grinsen, immer mehr grinsen, und dann lachte es aus ihm heraus, er konnte gar nichts dagegen tun.

6

In der letzten Woche vor den Ferien machte Meiks Klasse noch einen Ausflug zum Flughafen Gatow. Mit einem Schiff fuhren sie über die Havel. Meik kannte sich auf dem Schiff aus und ging mit Lars nach unten. Am Heck führte eine Tür nach draußen, die sich nur einen Spaltbreit öffnen ließ. Dort stand nur eine einzige Bank. Mehr Platz war nicht.

„Hier haben wir unsere Ruhe", sagte Meik und holte seinen Walkman heraus. Abwechselnd hörten sie Musik. Wer gerade nicht mit dem Musikhören dran war, fütterte währenddessen die Enten mit altem Brot.

Nach einer Weile öffnete Toni die Tür und quetschte sich durch den Spalt. „Ha, wir dürfen keine Walkmen mitnehmen", rief er.

„Ist gar nicht verboten", verteidigte sich Meik.

„Na gut, dann hole ich eben die Schöne", trumpfte Toni auf. Die Schöne war ihre Klassenlehrerin Frau Schönherr. Sie hatte eher ein strenges als ein schönes Gesicht.

„He, warte", rief Meik, „du kannst ja auch mal hören, wenn du willst." Toni setzte den Walkman auf und stellte ihn ziemlich laut. Seine Schultern fingen an zu zucken und sein Oberkörper ging mit. „Hast ja echt geile Musik", sagte er laut.

Plötzlich schrie Lars: „Achtung, die Schöne kommt."

Toni versteckte den Walkman unter seiner Jacke und grinste die Schöne an.

„Gib das Ding her", sagte sie.

„Was?" Toni stellte sich dumm. Den Walkman hatte er längst wieder an Meik zurückgeschoben. Er zeigte Frau Schönherr seine leeren Hände.

„Das nächste Mal ist das Ding weg." Frau Schönherr verschwand wieder und Toni zwinkerte Meik zu. Meik wollte den Walkman wegpacken, aber Toni wollte unbedingt das Lied noch zu Ende hören. Widerstrebend gab Meik den Walkman noch einmal her. Beim zweiten Mal war die Schöne schneller. Sie nahm Toni kommentarlos den Walkman ab.

„Tut mir echt leid." Toni sah Meik kurz an. „Kriegst ihn ja am letzten Schultag wieder."

Der Flughafen befand sich in einem abgezäunten Gelände, in dem britische Soldaten wohnten. Sie waren zum Schutz der West-Berliner hier, genauso wie die Amerikaner bei Meik und die Franzosen bei Onkel Hermann. Es hatte eine Zeit gegeben kurz nach dem Krieg, als Meiks Mutter geboren worden war, da waren die Flughäfen sehr wichtig für die West-Berliner gewesen.

Damals hatten die Russen ein Jahr lang kein Schiff, kein Auto und keinen Zug nach West-Berlin gelassen. Mit dieser Blockade wollten sie West-Berlin erobern, obwohl der Krieg längst vorbei war.

Es war ein anderer Krieg. Kalter Krieg. Kalter Krieg ist, wenn sich die Gegner provozieren und ärgern, aber kein richtiger Kampf stattfindet. Die Blockade war ein solches Ärgern, und wer nach Berlin wollte, musste das Flugzeug nehmen. Auch Essen, Kleidung und vor allem Kohle mussten nach Berlin geflogen werden. Wie eine Perlenkette zogen die Flugzeuge über den Himmel. Ihr

Abstand betrug nur eine Minute. Das ist für Flugzeuge gefährlich dicht.

Zur Erinnerung an diese Zeit stand auf dem Flughafen immer noch eins dieser alten Propellerflugzeuge. Sie hatten den Spitznamen „Rosinenbomber" bekommen.

Meik und Lars durften als Erste in den Rosinenbomber hineinklettern. Meik zog seine Jacke aus und kletterte ins Cockpit auf den Pilotensitz. Lars setzte sich neben ihn. „Welcome, ladies and gentlemen", sagte er in das Mikrofon. Dann begrüßte er noch die Kleidung, die Kohle und ganz besonders die Rosinen.

Meik steuerte das Flugzeug. Wie schön wäre es, jetzt einfach über die Grenze zu fliegen und bei Opa Ludwig im Garten zu landen. Und vorher würde er noch die Grenzsoldaten mit Rosinen bombardieren. Er stellte sich vor, wie sie erschreckt zu ihm aufblickten und plötzlich den ganzen Mund voller Rosinen hätten. Meik grinste vor sich hin, drehte noch an den vielen Knöpfen, die es hier gab, und musste dann für die Nächsten Platz machen.

„Komm, ich habe noch zwei Müsliriegel", sagte er zu Lars, „mit Rosinen."

Er hob seine Jacke auf und griff in die Tasche, aber die Riegel waren weg. Da sah er, dass Bernhard genau so einen Riegel aß. Bernhard war in der Klasse nicht sehr beliebt.

„Du hast mir die Müsliriegel aus der Jacke geklaut", schrie Meik.

Bernhard zuckte erschrocken zusammen und starrte Meik überrascht an. „Aber, aber ich dachte, es wäre die von Toni. Er hat gesagt, ich soll die Riegel aus der Jacke holen." Toni stand zwei Schritte neben Bernhard und schaute schadenfroh zu. Er aß den zweiten Müsliriegel.

Meik ging auf Bernhard los, aber da stellte sich Toni dazwischen. „Bernhard ist mein Freund, wehe, wenn du ihm was tust!"

Meik blieb stehen. Gegen Toni hatte er keine Chance. Aber Bernhard blickte er böse an. „Du bist ein gemeiner Dieb."

„Ich wollte das doch gar nicht klauen", sagte Bernhard verzweifelt.

„Komm jetzt." Toni zog ihn am Arm. „Du bist

mein Freund, da brauchst du dir von Michel nichts sagen zu lassen."

Widerstrebend ließ sich Bernhard fortziehen.

7

Die Sommerferien begannen in West-Berlin später als in der DDR. Chris und Mia waren mit ihren Eltern schon eine Woche auf dem Campingplatz, als Meik und seine Mutter mit dem Zug ankamen. Bärbel holte sie vom Bahnhof in Plauen ab. Sie roch nach Sonnenöl, nahm ihnen lachend ein paar Taschen ab und verstaute sie in ihrem Trabbi. Meik hatte sich noch nie so sehr auf einen Urlaub gefreut.

Der Campingplatz war eine Wiese am Waldrand. Die Eltern wohnten in einer kleinen Holzhütte, für Meik war noch Platz im Zelt von Chris und Mia.

Die beiden Mädchen kamen aus dem See und rannten Meik fast um. „Kommst du mit baden?“, schrie Mia.

Direkt am Campingplatz ging es flach ins Wasser und es wuchs etwas Schilf. Dort wo der Wald bis ans Wasser heranreichte, fiel das Ufer steiler in den See ab. An einem überhängenden Ast war eine Schaukel angebracht, von der aus sie ins Wasser springen konnten. Etwas weiter stand eine alte Buche, an der sie noch höher klettern und über den See blicken konnten.

„Da hinten können wir uns Boote leihen“, sagte Chris. „Ich habe eine Luftmatratze mit“, sagte Meik, „und einen Fußball natürlich, aber den können wir nicht mit ins Wasser nehmen.“

„Wir haben einen Wasserball.“

„Und Federball.“

„Eine ganze Kiste mit Spielen.“

Die erste Woche verging wie im Flug. Dann wurde das Wetter schlechter. Regenwolken zogen auf und gegen Abend peitschte der Sturm über den See. Mia, Chris und Meik lagen in ihren Schlafsäcken im Zelt und konnten nicht einschlafen. Sturmböen rüttelten am Zelt, und am Eingang des Campingplatzes schlugen die Drahtseile der Fahnen gegen den Mast.

„Wir können uns ja eine Geschichte erzählen“, schlug Mia vor.

„Au ja“, freute sich Meik, „kennst du denn eine?“

Mia schüttelte den Kopf. „Aber ich weiß einen Anfang. Und dann muss einer von euch weitererzählen, dann der Nächste und immer so weiter." Mia machte eine Pause und sprach dann langsam und tief weiter. „Es war eine stürmische Nacht. Ein alter Mann lag krank in seiner Hütte mitten im Wald. Seine Familie hatte ihn verlassen, nur seine Enkelin Lena war zu ihm zurückgekehrt und pflegte ihn. In dieser Nacht rief der Großvater sie an sein Bett und stöhnte: Meine Medizin ist alle. Wenn ich nicht vor dem Morgengrauen neue Medizin bekomme, ist es aus mit mir." Mia schwieg. „Jetzt ist einer von euch dran."

Meik überlegte, aber ihm fiel nichts Gutes ein. Chris erzählte weiter: „Lena zog ihre Jacke an, steckte sich ein paar Nüsse in die Tasche und ging los. Der Sturm blies sie fast um. Die Bäume knarrten, und in der Ferne schrie ein Käuzchen."

Meik gruselte sich richtig. Er kroch tiefer in den Schlafsack und zog die Kapuze über den Kopf. Für nichts auf der Welt hätte er jetzt das Zelt verlassen. Draußen war es genauso unheimlich wie in der Geschichte.

„Lena tastete sich durch die Finsternis. Zweige schlugen ihr ins Gesicht und sie stolperte über Wurzeln. Plötzlich …“ Chris hörte auf zu erzählen. „Du bist dran, Meik“, flüsterte sie. Meik erschrak.

„Plötzlich“, wiederholte er. Weiter kam er nicht. Er überlegte. Wovor fürchtete er sich denn selber am meisten im Dunkeln? Er sprach mit gedämpfter Stimme weiter: „Plötzlich hatte Lena das Gefühl, dass jemand dicht hinter ihr lauerte. Sie wagte nicht, sich umzudrehen. Jetzt hörte sie auch seinen Atem. Ein unterdrücktes Keuchen.“

„Huh, ist das gruselig!“, hauchte Chris. Die drei rückten näher zusammen. Der Sturm peitschte den Regen gegen das Zelt und plötzlich gaben die Heringe nach und wurden vom Sturm aus dem Boden gerissen. Die Zeltplane knallte hin und her, Schnüre sausten durch die Luft, das ganze Zelt bebte. Chris schrie auf, Meik kroch noch tiefer in seinen Schlafsack, nur Mia blieb ziemlich ruhig.

„Los, raus!“, rief sie. „Wir müssen das wieder festmachen.“

Meik ärgerte sich über sich selber. Er wollte auf

keinen Fall, dass Mia ihn für einen Angsthasen hielt. Dass Mia so ruhig blieb, machte ihm Mut. Er krabbelte aus seinem Schlafsack.

„Wenn wir uns nicht beeilen, regnet es durch.“ Mia zog ihren Schlafanzug aus.

„Der wird sonst doch nur nass“ “ sagte sie, als Meik sie erstaunt ansah.

Meik war es ein bisschen peinlich, aber er zog seinen auch aus.

Es war ja dunkel und alle dachten jetzt nur an das Zelt. Nackt schob er sich hinaus. Als die ersten Regentropfen auf seine warme Haut fielen, zuckte er zusammen. Mia versuchte bereits, die Zeltplane zu erhaschen, ohne von den Schnüren getroffen zu werden. Als sie die umherzuckende Plane das erste Mal zu packen bekam, riss sie ihr der Wind gleich wieder aus den Händen. Beim zweiten Mal klammerte sie sich fest und ließ sich ins Gras fallen.

„Meik“, keuchte sie, „mach du die Heringe wieder rein.“

„Ich finde sie nicht“, rief Meik verzweifelt.

Gebückt lief er hin und her. Er war so beschäftigt, dass er seine Angst vergaß. Im Zelt leuchtete es auf.

„Hier ist die Taschenlampe", rief Chris heraus.

„Mach schnell." Mia konnte die Plane kaum noch halten.

Endlich fand Meik den ersten Hering. Er war über das Zelt geschleudert worden. In der Nähe lagen dann auch die beiden anderen. Mit einem Stein klopfte er sie fest in den Boden. Jetzt konnte Mia endlich loslassen. Meik kontrollierte auch die anderen Heringe und schlug sie noch fester in den Boden.

Plötzlich starrte Mia ihn entsetzt an. „Meik", stammelte sie.

Da legte sich auch schon etwas Kaltes, Glitschiges um Meik und riss ihn zu Boden. Er strampelte, aber er konnte sich nicht befreien. Mia kam ihm zu Hilfe.

„Bleib ruhig", schrie sie, „es ist nur eine Zeltplane."

Meik hatte sich in den Schnüren verheddert und kam nur mühsam heraus. Jetzt war ihm die Nacht wieder unheimlich. Sie standen vor dem

Zelt im Regen, Mia hielt die zusammengeknüllte Plane.

„Und nun?“, fragte Meik.

„Wir müssen die Plane zurückbringen.“ Mia zeigte zum Eingang des Campingplatzes. „Von da hat der Wind sie hergeweht.“

Meik schluckte. Jetzt auch noch in der Dunkelheit herumlaufen, ausgerechnet jetzt. Ich geh lieber ins Zelt, wollte er sagen, aber er tat es nicht. In Gedanken verfluchte er den Sturm, die Gruselgeschichte und überhaupt alles.

Warum ließ Mia die Plane nicht einfach wieder los? Sollte sie doch flattern, wohin sie wollte!

„Also los“, sagte Meik, um sich selber Mut zu machen.

Sie waren noch nicht weit gegangen, da hörten sie jemanden fluchen. Mia grinste. „Ich glaube, wir sind richtig.“

Das Fluchen kam aus einem kleinen Zelt neben einem Motorrad. Im Mondlicht sahen sie einen Mann mit einem dichten schwarzen Bart aus dem Zelt gucken.

„Ogottogott“, stöhnte er und starrte ihnen entgegen. Jetzt bin ich schon im Himmel bei den Engeln." Dabei zwinkerte er ihnen zu. Meik fiel ein, dass sie ja nackt herumliefen, so wie Engel immer gemalt wurden.

Zu dritt schafften sie es, die Plane wieder über das Zelt zu legen und festzumachen.

„Danke", sagte der Bärtige, „ihr seid wirklich meine Schutzengel."

Meik und Mia liefen zu Chris zurück, trockneten sich ab und krochen in ihre Schlafsäcke. Meik rekelte sich wohlig in der Geborgenheit. Während sie sich noch über den Bärtigen unterhielten, schlief er ein.

Am nächsten Morgen war der Sturm vorbei. Dieter stellte zwei Campingtische auf die Wiese, an denen sie alle frühstückten.

„Ich glaube, heute Nacht war es sehr stürmisch", sagte Meiks Mutter.

„Wirklich?" Mias Vater hob erstaunt den Kopf. „Ich habe nichts gemerkt. Ich habe geschlafen wie ein Stein."

„Das habe ich gehört." Mias Mutter machte sein Schnarchen nach.

„Also, ich habe auch nichts gemerkt“, meinte Dieter. „Wie war’s denn bei euch im Zelt?“

Die drei schauten sich an. „Das Zelt ist fast mit uns weggeflogen“, sagte Meik.

Mia kicherte. „In der Geisterstunde wurden die Zelte lebendig und flogen über den Platz.“

„Wie geht eigentlich die Geschichte mit Lena weiter?“, fragte Chris.

Mia zuckte die Achseln. „Das muss sich jeder selber überlegen. Bei Sonnenschein kann ich jedenfalls keine Gruselgeschichten erzählen. Dazu muss es schon dunkel und ein bisschen unheimlich sein.“

„Hattest du in der Nacht auch Angst?“ Kaum hatte Meik das gesagt, ärgerte er sich über das „auch“, mit dem er sich verraten hatte.

Aber Mia machte sich über seine Angst nicht lustig. „Wenn du nicht mit rausgekommen wärst, wäre ich vor Angst geschrumpft“, sagte sie.

Meik grinste. Vor Angst zu schrumpfen, das gefiel ihm. Es machte die Angst irgendwie weniger schlimm. Die beiden, dachte er, sind so richtige Freunde. So wie Lars.

Am übernächsten Tag machten sie einen Ausflug in die Tschechoslowakei, nach Prag. Früh am Morgen fuhren sie mit zwei Autos los.

In dem einen saßen Meik, Mia und Chris auf der Rückbank und unterhielten sich.

„Ich will mal so werden wie Rosa Luxemburg“, sagte Mia, „und immer für die gerechte Sache kämpfen.“

„Sich für Schwächere einzusetzen ist ja gut“, meinte Chris, „aber ermordet zu werden, so wie sie, nein danke.“ Mia schaute Meik von der Seite an. „Und du möchtest bestimmt wie Karl Liebknecht werden oder wie willst du mal sein?“

Meik kannte weder Rosa Luxemburg noch Karl Lieb… wie hieß er doch gleich? Er zuckte mit den Schultern und sah zum Fenster hinaus. Chris und Mia unterhielten sich weiter über Leute, die er nicht kannte.

„Wollen wir nicht lieber was spielen, als über langweilige Sachen zu reden?“, maulte er nach einer Weile.

„Du bist ja blöd“, gab Mia zurück.

Chris wusste ein bisschen besser Bescheid. „Drüben kennen sie die Kommunisten oft gar nicht", erklärte sie Mia.

„Drüben", sagte sie und tat Meik damit weh. Chris und Mia waren dicke Freunde, aber er gehörte nicht dazu. Er war anders. Kam von drüben, wo die Welt eigentlich besser sein sollte, aber gar nicht war. Chris und Mia konnten sich über ihn lustig machen, weil hier alles anders war und er sich nicht auskannte. Er wurde wütend.

„Ihr unterhaltet euch ja nur über eure Lieb... Lieb... und Rosenknechte, um mich zu ärgern", rief er, „ihr wollt ja doch nur mit euren Pionieren zusammen sein. Ich könnte auch zu den Pfadfindern gehen, die machen das Gleiche. Aber bei uns ist das freiwillig und ihr müsst zu den Pionieren. Da werdet ihr ja doch nur gedrillt." Seine Mutter hatte ihm das einmal gesagt, als er ihr von den Pionieren vorgeschwärmt hatte.

Eigentlich fand er die Pioniere immer noch toll, aber jetzt mochte er es auf keinen Fall zugeben.

Chris ließ das nicht auf sich sitzen. „Wir müssen gar nicht hin. Es ist nur so toll, dass fast alle hingehen."

„Wer's glaubt, wird selig", knurrte Meik.

„Lass ihn doch", sagte Mia, „er ist ja nur neidisch."

„Pah", machte Meik, stützte sein Kinn auf die Hand und sah zum Fenster hinaus.

Vor der tschechischen Grenze gab es einen Stau. Sie kamen nur stückchenweise voran. Meik langweilte sich. Die anderen auch.

„Wollen wir Stadt, Land, Fluss spielen?", schlug Chris vor.

„Ja", sagte Mia.

Meik starrte weiter zum Fenster hinaus. Chris seufzte. „Herr Fleck, hätten Sie vielleicht die Güte, uns eine Antwort zukommen zu lassen?"

„Jaja." Meik wandte sich um und schaute sie genervt an. „Ja, ich spiele mit."

„Welch eine Ehre." Chris kramte Papier und Stifte hervor. Mia kicherte leise.

Meik kannte ganz andere Namen als Mia und Chris. Die beiden mussten ihre Orte in den Landkarten heraussuchen, um Meik zu beweisen, dass es die Namen überhaupt gab.

„Hier ist Gütersfelde." Mia zeigte auf die Karte. „Und da Großbeeren. Ganz nah bei Teltow."

„Schau mal", rief Chris, „da wohnen wir. In dieser Straße. Und Mia wohnt weiter da … hier, genau hier."

„Jetzt zeig ich euch mal, wo ich wohne." Meik fuhr mit dem Finger von Teltow auf der Karte weiter nach Norden. Aber da waren keine Straßen mehr eingezeichnet. Ein grauer Streifen schnitt alles ab und darüber war die Karte weiß.

„He, was soll denn das?" Meik stutzte. „Da sind aber auch Straßen."

Mia zuckte die Achseln. „Da ist doch bloß West-Berlin.

Und Dieter fügte traurig hinzu: „Was sollen sie auch Straßen einzeichnen, durch die wir nie kommen können."

„Aber sie können das doch nicht alles weiß lassen", empörte sich Meik. Hatte nicht Mia selber gesagt, dass es nur West-Berlin sei? Dachte sie schon genauso schlecht über den Westen wie die Regierung?

Es waren nicht nur die Straßen, die ganze Stadt

sollte aus dem Gedächtnis getilgt werden. Die Menschen, die Bücher und die Kaufhäuser, das alles versank in dem namenlosen Weiß der Karte. Nichts blieb von dem, was Meik Tag für Tag erlebte. Sein Zuhause war es nicht wert, in die Landkarten eingezeichnet zu werden.

Sie spielten weiter. Der nächste Anfangsbuchstabe war „M“. Meik schrieb „Main“ als Flussnamen.

„‚Mein.‘“ Mia lachte los. „Und das nächste Mal schreibst du ‚Dein‘ oder ‚Sein‘. Nein, nein, das gilt nicht.“

„Den Main gibt es schon“, protestierte Meik, „es heißt schließlich: Frankfurt am Main.“

„Du schummelst doch“, rief Chris, „Frankfurt liegt an der Oder.“

„Am Main!“

„Quatsch!“, sagte Mia.

Sie rissen sich die Landkarte gegenseitig aus den Händen.

„He, he, wir brauchen die Karte noch“, brummte Dieter von vorne, „ihr habt alle Recht. Es gibt zwei Städte, die Frankfurt heißen. Ein Frankfurt im Osten, das liegt an der Oder, und ein Frankfurt im Westen, das liegt am Main."

„Na gut", gab Mia zu, „dann kriegt Meik zwei Punkte für seinen Main. Ich habe ‚Moldau' als Fluss."

Jetzt lachte Meik los. „‚Moldau' als Fluss, Mensch bist du blöd. Moldau ist doch Musik."

„Ich bin überhaupt nicht blöd." Mia wurde böse. „Die Moldau fließt durch Prag und da fahren wir gerade hin."

Meik rüttelte seine Mutter an der Schulter. „Los, sag ihnen, dass du zu Hause eine CD hast, auf der ‚Moldau' steht."

Seine Mutter drehte sich um. „Musst du dich immer gleich streiten? Mia hat Recht. Die Musik ist nach dem Fluss benannt worden."

„Woher soll ich das denn wissen?" Meik war sauer, dass er Unrecht hatte.

Seine Laune besserte sich auch nicht, als sie endlich Prag erreichten. Meik hasste Stadtbesichtigungen. Was interessierten ihn schon die alten Häuser, vor denen seine Mutter ständig stehen blieb und Entzückungsschreie ausstieß.

Er fand sie albern und er mochte es auch nicht, dass Dieter ihr alles erklärte, so als ob es seine eigene Stadt sei, als ob er höchstpersönlich den Stuck an den Fassaden angebracht hätte, und das auch noch vor hundert Jahren. Bloß weil Dieter hier schon oft im Urlaub gewesen war.

Der angebliche Höhepunkt dieser Besichtigung war die Karlsbrücke. Dieter nannte Jahreszahlen, Königsgeschlechter und Bauherren, es war schlimmer als im Geschichtsunterricht. Meik hatte Dieter noch nie so viel reden gehört.

Und doch gefiel Meik die Karlsbrücke. Ganz plötzlich. In einer der vielen Ausbuchtungen stand ein Marionettenspieler. Der Mann war gar nicht so alt, aber die Marionetten sahen sehr, sehr alt aus. Drei Stück waren es. Ein Teufel, ein Skelett und eine Königin.

„Von meinem Großvater", sagte der Mann. Die „R" rollten an seinem Gaumen entlang, bevor sie unter seinem Schnauzbart herauskullerten. Er ließ den Teufel auf Meik zutänzeln.

Er war nicht zum Spielen auf die Brücke gekommen, er wollte die Marionetten verkaufen.

Bärbel mochte altes Spielzeug und erkundigte sich nach dem Preis.

Der Marionettenspieler beugte sich zu ihr und flüsterte ihr etwas ins Ohr, was Meik nicht verstehen konnte. Bärbel kniff die Lippen zusammen, schüttelte heftig den Kopf und ging rasch weiter.

Meik lief hinter ihr her. „Wie viel wollte er denn?"

„Er wollte Westgeld." Bärbel stieß die Wörter hart hervor. Dann lief sie noch schneller, als ob sie vor Meik weglaufen wollte. Sie ärgerte sich, dass ihr Ostgeld nichts wert war.

Dieter zeigte ihnen weiter die Stadt. Den anderen machte das sogar Freude. Meik atmete erst auf, als Dieter sagte: „So, ich glaube, jetzt haben wir genug gesehen und uns ein gutes Abendessen verdient."

Er führte sie um ein paar Straßenecken zu einem Spezialitätenrestaurant. Davor wartete bereits eine lange Menschenschlange. Dieter sprach kurz mit dem Kellner an der Tür und ging dann mit ihnen weiter.

„Hier sind alle Plätze besetzt“, sagte er, „aber er hat mir ein anderes Lokal empfohlen.“

Auch dort standen ein paar Leute vor dem Eingang.

„So“, sagte Mias Mutter, „jetzt werde ich mal meinen weiblichen Charme spielen lassen.“

Aber auch ihr öffneten sich die Türen nicht. Sie liefen weiter durch die Straßen, bis sie ein Restaurant ohne Warteschlange entdeckten.

Erleichtert ging Bärbel voraus. An der Tür stand ein Kellner.

„Tut mir leid, alles besetzt“, sagte er.

Weiterlaufen. Meik mochte nicht mehr. Missmutig blieb er hinter den anderen zurück. Seine Mutter legte ihm tröstend eine Hand auf die Schulter. Sie liefen von Restaurant zu Restaurant, sie liefen im Kreis. Da war das Erste wieder. Mit der langen Schlange.

„Frau, Sie wünschen zu essen?“

Meik und seine Mutter blickten erstaunt auf. Da stand der Kellner und winkte ihnen.

„Kommen Sie.“

„Ich dachte, hier ist alles besetzt?“, wunderte

sich Meik. Der Kellner lächelte. „Wir finden Platz."

„Wir sind aber nicht nur zu zweit, sondern neun Leute", wandte Meiks Mutter ein.

„Macht nix, wir finden Platz."

Meik holte die anderen. Auf einmal war der Kellner nicht mehr so freundlich.

„Zu viele Leute", sagte er kopfschüttelnd.

Meiks Mutter sah ihn böse an. „Eben haben Sie noch gesagt, dass Sie einen Platz finden."

Der Kellner zuckte nur die Schultern und sah auf den Boden. „Habe mich geirrt."

„Aber Sie haben doch gar nicht nachgesehen." Meiks Mutter drängte sich an ihm vorbei. Die anderen folgten ihr. Es war ein sehr feines Restaurant. Ein dunkelroter Teppich dämpfte ihre Schritte. Ein anderer Kellner führte sie zu einem runden Tisch am Fenster. Meik freute sich. Die anderen nicht. Mias Vater schaute abwechselnd von den vielen freien Tischen im Restaurant zu den Wartenden draußen vor der Tür.

„Die besseren Restaurants werden für die Westler freigehalten." Dieter fuhr sich mit der Hand über die Augen und kniff die Lippen zusammen. „Bis jetzt hab ich geglaubt, dass sie wirklich überfüllt sind. Wir aus dem Osten sind es nicht wert, hereingelassen zu werden.“

„Woher wusste denn der Kellner, dass du aus dem Osten kommst?“, fragte Meik.

„Das sehen die an der Kleidung“, sagte Dieter.

„Wir waren letztes Jahr in Bulgarien am Strand“, erzählte Mia. „Da gab es eine ganz tolle Wasserrutsche. Weißt du, wie oft ich da gerutscht bin?“

Meik schüttelte den Kopf.

„Kein einziges Mal. Es durften nur die rutschen, die mit Westgeld bezahlen konnten. Und in die Strandkörbe am Meer durften wir auch nicht. Für unser Geld bekamen wir nur die schlechten ganz weit hinten.“

Auf der Rückfahrt holte Meik sein Portmonee heraus und verglich sein Geld mit dem von Chris und Mia. Natürlich, es war anders. Aber österreichische Schillinge waren ja auch anders und trotzdem waren sie genauso wertvoll wie Meiks Geld. Da konnte jeder so viel hin- und hertauschen, wie er wollte. Aber wer Ostgeld hatte, konnte kein Westgeld dafür eintauschen.

Meik schaute auf sein Geld. Es war das Taschengeld für August. Der August war schon fast vorbei, und er hatte es nicht gebraucht, weil seine Mutter ihm noch Ost-Mark gegeben hatte.

Er schob Mia das Geld hin. „Hier, damit du das nächste Mal auch rutschen kannst."

Der nächste Tag war heiß. Die meiste Zeit verbrachten die drei im Wasser. Sie balgten sich um die Luftmatratze, sprangen vom Baum aus ins tiefe Wasser oder ließen sich einfach treiben.

Abends im Zelt konnte Meik nicht einschlafen. Neben ihm lag Mia, aber in der Dunkelheit konnte er nur ihre Umrisse sehen. Jetzt drehte sie sich auf die Seite. Ihre Hand berührte seinen Kopf und er spürte ihren Atem in seinem Gesicht. Ob sie auch noch wach war? Sosehr sich Meik auch anstrengte, er konnte nicht erkennen, ob ihre Augen offen

 waren.

Da streichelte ihre Hand über seine Haare.

„Schläfst du auch noch nicht?", flüsterte Meik.

Die Hand zuckte weg. Meik bekam keine Antwort.

„He, Mia. Ich weiß doch genau, dass du nicht schläfst."

Wieder bekam er keine Antwort. Meik ärgerte sich. Es wäre besser gewesen, wenn er gar nichts gesagt hätte. Er hätte gerne über ihre Haare gestreichelt, aber er traute sich nicht. Vielleicht war ihre Hand ja nur zufällig über seinen Kopf gerutscht.

Chris war auch noch wach. „Puh, ist das eine Hitze im Zelt", stöhnte sie.

Meik schlug vor, noch ein bisschen hinauszugehen. Es war Vollmond und ziemlich hell.

Mia richtete sich auf. „Ja, wir können schwimmen gehen."

Sie krochen aus dem Zelt und schlichen über die Wiese. Zweimal stolperte Meik über Leinen, mit denen die Zelte an den Heringen befestigt waren.

Am Rand der Wiese blieben sie stehen. Das Wasser schwappte rhythmisch auf den schmalen Sandstreifen. Es war schwarz und unheimlich.

Meik konnte nicht sehen, was sich darin verbarg. Dabei hasste er es, wenn ihn unter Wasser etwas berührte. Ein Fisch oder eine Pflanze. Er schauderte und wünschte sich in das Zelt zurück. Warum hatte er nur den Vorschlag gemacht hinauszugehen?

„Also los." Mia zog ihren Schlafanzug aus und ging ein paar Schritte hinein, bis ihr das Wasser zum Po reichte. Meik seufzte, zog sich aus und setzte vorsichtig einen Fuß vor den anderen, bis er neben Mia stand. Chris blieb unschlüssig am Ufer stehen.

„Ich mag gar nicht mehr", rief sie ihnen zu und lief zum Zelt zurück.

Meik blickte zu Mia. Auf einmal war es etwas Besonderes, mit ihr allein zu sein. Meik spürte deutlich sein Herz schlagen.

Mia nahm seine Hand. „Komm, gehen wir lieber zusammen."

Schritt für Schritt tauchten sie tiefer in den See hinein. Als nur noch die Köpfe über Wasser waren, schwammen sie los.

„Warst du schon mal verliebt?", fragte Mia.

„I…Ich … verliebt?“, stotterte Meik erschrocken. Er schluckte Wasser und musste husten. „Na ja, also eigentlich … nö.“

Sie schwammen zurück.

„Und du?“

„Nein.“

Ihnen war kühl, als sie aus dem Wasser kamen und sich abtrockneten. Trotzdem setzten sie sich noch auf die Wiese. Ihre Hände berührten sich und irgendwann hielten sie einander fest. Zu reden gab es nichts. Nur manchmal schauten sie sich an und dann ganz schnell wieder weg. Erst als sie vor Kälte so zitterten, dass sie darüber lachen mussten, gingen sie ins Zelt zurück.

8

Der Urlaub war zu Ende und Meik wieder in West-Berlin. Mia konnte ihn hier nie besuchen. Meik verstand nicht, warum jemand etwas dagegen hatte, dass sie nach West-Berlin kam. Aber es war so. Da waren der Todesstreifen und die streng bewachten Grenzübergänge.

„Dreißig Meter ist der Todesstreifen breit." Meik blickte aus dem Küchenfenster. „Dreißig Meter, Lars, das läuft man in fünf Sekunden."

Lars saß auf dem Küchentisch und ließ die Beine baumeln. Letzte Woche hatte die Schule wieder angefangen, seitdem hatten die beiden schon oft überlegt, wie sie Mia und Chris nach West-Berlin holen könnten. Bisher hatten sie noch keine brauchbare Idee gehabt und auch jetzt wehrte Lars ab. „Durch den Sand brauchst du mindestens zehn Sekunden und dann ist da noch die Mauer. Die knallen euch ab wie die Kaninchen. Nee, du, das haben schon andere versucht, das klappt nicht."

„Hast ja Recht." Meik schlug enttäuscht mit der Faust in seine Hand. Er ging aus der Küche, blieb noch einmal stehen: „Aber für einen Stabhochspringer, für den wäre die Mauer doch ein Klacks."

„Bleibt immer noch der Todesstreifen."

Meik seufzte und holte seinen Atlas aus dem Regal. Nein, den Todesstreifen konnten sie nicht umgehen. Nicht nur, dass er West-Berlin umschloss, er führte quer durch ganz Europa und riegelte den Osten vom Westen ab. Meik klappte den Atlas zu. „Fliegen müsste man können."

Lars nickte. „Ja, mit einem Flugzeug oder einem Heißluftballon … Das ginge vielleicht."

„Haben wir aber nicht", stellte Meik nüchtern fest.

Es blieb nur eins. Und Meik wusste, dass es andere auf diese Weise geschafft hatten. Warum sollte es ihnen nicht auch gelingen? Es waren doch nur dreißig Meter zu überwinden. Meik und Lars machten sich einen genauen Plan, wie und an welcher Stelle sie einen Tunnel graben wollten, bevor sie sich am Abend trennten.

„Bis gleich", flüsterte Lars, als er in den Fahrstuhl stieg.

Meik ging so früh ins Bett, dass seine Mutter stutzte. „Fühlst du dich nicht wohl?", fragte sie.

Meik winkte ab. „Ich bin einfach nur müde."

Dann lag er im Bett und starrte ungeduldig auf die Uhr, die mit beharrlicher Langsamkeit von Minute zu Minute umsprang. Er horchte, was in der Wohnung geschah. 22 Uhr 18: Seine Mutter ging ins Bad. 22 Uhr 34: Sie kam wieder heraus. Immer noch 22 Uhr 34: Sie schloss die Wohnzimmertür hinter sich. Ab 22 Uhr 49: Ruhe in der Wohnung.

Meik hatte plötzlich Angst einzuschlafen. Das durfte nicht passieren. Er setzte sich auf, lehnte sich an die Wand. Schrecklich, diese Warterei. Er starrte vor sich hin. Die Augen fielen ihm zu, sein Kopf kippte etwas zur Seite …

Meik schreckte auf. 23 Uhr 26. Höchste Zeit. Er schlüpfte in seine Kleider, nahm die Taschenlampe und schlich aus der Wohnung. Als er unten die Haustür aufschloss, schlotterten seine Hände vor

Kälte und Aufregung. Er lief den Plattenweg zur Straße und zuckte zusammen, als Lars aus dem Gebüsch auf ihn zutrat.

„Mensch, wo bleibst du denn, Meik?“

„’tschuldigung. Hast du die Spaten?“

„Na klar. Hier, nimm einen.“

Sie liefen nebeneinander die Straße hinunter. Gaslaternen warfen ihre Lichtschleier zwischen die Bäume. Durch die nächtliche Stille drangen vereinzelte Geräusche: In der Ferne fuhr ein Auto an, ein Vogel, aus dem Schlaf geschreckt, schrie kurz und verstummte wieder, und hinter der Straßenecke trippelten Schritte über das Pflaster.

An den Bahngleisen blieben sie stehen. Schwarz drohte das Dickicht. Meiks Hände wurden feucht und krampften sich um den Spaten. Da musste er jetzt hinein. Schon bei dem Gedanken wurde ihm ganz schlecht.

Er knipste die Taschenlampe an. Das Licht reichte für die ersten Schwellen, glitt an einer Schiene entlang, huschte über Sträucher, blieb an einem Baumstamm hängen. Was sich hinter dem Stamm verbarg, konnte Meik nicht mehr sehen. Er schaute

Hilfe suchend zu Lars. Der hielt die Augen geschlossen, riss sie plötzlich auf und sagte laut, viel zu laut: „Wir gehen da jetzt rein, los, wir gehen da jetzt rein."

Sie marschierten los. Alle beide machten so viel Krach wie möglich, trampelten über das Geröll neben den Schienen, und wenn das nicht genug war, redeten sie laut miteinander oder sangen einfach „Lalala".

Eine Weile ging das gut so. Aber dann führte der Pfad über Sandboden und ihre Schritte wurden leiser. Automatisch redeten sie auch nicht mehr so laut, liefen langsamer, flüsterten nur noch, blieben stehen und verstummten ganz.

Ein Rascheln. Was war das? Meik riss die Taschenlampe herum. Der Lichtstrahl war schwach. Zwischen dem Geäst blieb das meiste im Schatten. Dort im Verborgenen machte jemand zwei Schritte. Meik und Lars hörten es deutlich. Aber sie sahen nichts.

Wieder zwei Schritte, drei, vier. Er kam auf sie zu, war schon so nah, dass sie ihn eigentlich längst sehen mussten. Meik hielt die Luft an, stand da wie gelähmt und wusste nicht, was er tun sollte. Jetzt machte der Unsichtbare einen Schritt auf Meik zu, musste direkt vor ihm stehen. Meik wollte schreien, bekam aber keinen Ton heraus.

„Da!" Lars zeigte auf den Boden.

Keine Handbreit vor Meiks Schuhen stand ein Igel, schnupperte an seinen Schnürsenkeln und lief zwischen seinen Beinen hindurch. Er spazierte ein Stück den Weg entlang und verschwand auf der anderen Seite im Unterholz.

Meik lachte befreit auf. Sie redeten wieder laut, lärmten herum und rannten weiter. Es wurde heller. Meik knipste die Taschenlampe aus. Die Neonleuchten vom Todesstreifen schienen herüber und tauchten das Gelände ausreichend in Dämmerlicht. Sie durften sich nicht verraten und mussten jetzt leise sein. Hinter einer dicken Birke blieben sie stehen. Vor ihnen lag eine Wiese mit niedrigem Buschwerk. Dahinter stand die Mauer.

„Schau, da guckt einer aus dem Turm", wisperte Lars. Meik schluckte. Er hatte nicht gewusst, dass die Soldaten so gut über die Mauer sehen konnten.

„Wir müssen unter den Büschen entlangkriechen“, flüsterte er zurück, „wenn wir nah genug an der Mauer sind, können sie uns nicht mehr sehen.“

Für dieses letzte Stück brauchten sie die meiste Zeit. Langsam schoben sie sich mit den Spaten über den Boden. Endlich erreichten sie die Mauer und konnten sich wieder aufrichten. Hier sollte der Tunnel beginnen.

Voller Eifer stieß Meik den Spaten in den Grasboden. Mit einem hellen Klang krachte er gegen einen Stein. Es war so laut, dass Meik erschrocken innehielt.

„Vorsichtig“, raunte Lars, „die Soldaten dürfen nichts merken.“

Aber auch als er sich an die Arbeit machte, knirschte es erschreckend laut. Nie zuvor war ihnen aufgefallen, dass Graben solch einen Lärm machte.

Die Grasbüschel rissen sie mit den Händen

weg. Die Erde darunter war voller Steine und von Wurzeln durchzogen. Sie arbeiteten hastig und kamen bald ins Schwitzen. An ihren Händen bildeten sich Blasen, die aufplatzten und wehtaten. Immer war etwas im Weg. Lars hieb mit dem Spaten auf eine Wurzel ein, bis sie endlich durchgehackt war und Meik, der mit aller Kraft daran gezogen hatte, auf den Po fiel. Er fluchte leise und wischte sich mit dem Ärmel den Schweiß von der Stirn.

Plötzlich durchstießen zwei grelle Lichtkegel das Halbdunkel. Nur einen Schritt neben ihnen erreichte das Licht den Boden und glitt suchend hin und her. Lars und Meik wichen zurück, bis sie mit dem Rücken gegen die Mauer stießen.

„Hier, Genosse, hier ist es gewesen." Die Stimme war genau hinter ihnen, auf der anderen Seite der Mauer. Ein Hund knurrte böse.

Lars rannte los. Meik hinterher. Die Lichtkreise zuckten sofort zu ihnen hin.

Rings um Meik war Helligkeit, nichts, das ihm Schutz bieten konnte. Meik rannte, er rannte um sein Leben. Jetzt legt der Soldat im Turm das Gewehr an, dachte er, jetzt hat er mich im Visier. Er schlug einen Haken. Der Lichtkreis auch.

Kein Schuss knallte, keine Kugel schlug dicht

neben Meik auf einen zersplitternden Stein. Er rannte zickzack, gefolgt von dem Lichtkreis.

Vor sich sah Meik das Dickicht unter den Bäumen. Nicht unheimlich mehr, sondern schützend. Aber keinen Weg. Meik sprang ins Unterholz, Zweige schlugen ihm ins Gesicht, Dornen rissen an seiner Kleidung. Er stolperte, fiel, rappelte sich wieder hoch, hetzte weiter. Erst an der Straße schaute er sich um und lehnte sich keuchend an einen Gartenzaun.

Wo war Lars? Meik spähte die Bahngleise zurück. Er hörte Schritte und jemanden stöhnen.

„Lars?“

„Ja. Autsch.“ Lars humpelte aus der Dunkelheit. Den Spaten benutzte er als Krücke.

„Scheiße“, stieß Meik hervor, „mein Spaten liegt noch an der Mauer.“ Er half Lars, sich hinzusetzen. „Was ist denn passiert?“

„Ich bin in ein Loch getreten und umgeknickt.“

„Und? Gebrochen?“

Lars zuckte die Schultern. „Weiß nicht.“

„Mann, die hätten uns über den Haufen schießen können.“

„Quatsch, dürfen die doch gar nicht. Auf Westgebiet haben die überhaupt kein Recht."

Aber gerannt war Lars auch. Und den Spaten mochte keiner von beiden holen. Für nichts auf der Welt wäre Meik jetzt noch einmal durch das Waldstück zur Mauer zurückgegangen. Nicht mal, wenn Mia dabei gewesen wäre.

Meik brachte Lars nach Hause. Mit dem Spaten hörte es sich an, als ob ein Seeräuber unterwegs wäre.

Am nächsten Morgen fehlte Lars in der Schule. Erst in der vierten Stunde humpelte er in die Klasse. Sein rechter Knöchel war bandagiert und er stützte sich auf eine Krücke.

In der Pause wollten alle wissen, was er gemacht hatte. „Ich bin gestern Abend umgeknickt", sagte er nur, „zu Hause an der Treppe."

Das hatte er morgens auch seiner Mutter erzählt. Sie war mit ihm gleich zum Arzt gefahren. Zum Glück war nichts gebrochen, nur eine Bänderzerrung. Lars hätte zu Hause bleiben können, aber er wollte unbedingt mit Meik sprechen.

„Wir müssen den Spaten wieder zurückholen, sonst kommt alles raus“, raunte er Meik zu.

Nach der Schule gingen sie zum Bahngelände. Bei Tageslicht sah es nicht mehr beängstigend aus. Trotzdem wurden ihre Schritte langsamer, als sie sich der Mauer näherten. Hinter der Birke blieben sie wieder stehen. Der Spaten lag immer noch an derselben Stelle.

Meik spähte zum Wachturm hinüber. Hinter den Fenstern sah er undeutlich die Umrisse von zwei Soldaten. Er konnte aber nicht erkennen, wohin sie blickten.

„Ich geh ihn holen“, flüsterte er zu Lars, „ich hab ihn ja auch liegen lassen. Und du kannst sowieso nicht rennen.

Meik trat vorsichtig hinter der Birke vor. Sein Herz klopfte heftig. Ob es eine Falle war? Was würde geschehen, wenn er nach dem Spaten griff?

Langsam schlenderte er auf die Mauer zu, nicht direkt zum Spaten, sondern erst einmal an ihm vorbei. Er musterte die Umgebung, konnte aber nichts Verdächtiges erkennen. Er drehte sich um und bummelte wie ein Spaziergänger zurück.

Dann ging er in die Hocke, riss den Spaten an sich und wetzte los. Nicht zu Lars, sondern schräg in die andere Richtung. Als ihm die Bäume Schutz gaben, wurde er langsamer und lief in einem Bogen zu Lars zurück. Zusammen brachten sie den Spaten in die Gartenlaube von Lars' Eltern.

„He, was soll denn das?“ Lars deutete mit seiner Krücke auf ihren Fußballplatz. Vor zwei Tagen hatten sie hier noch gespielt, jetzt war der ganze Platz mit hässlichen Containern zugestellt.

„Was da wohl drin ist?“ Meik runzelte die Stirn.

„Vielleicht Atommüll“, überlegte Lars. „Mein Vater sagt, die wissen nicht, wohin damit.“

„Nee“, winkte Meik ab, „dann müssten Warnschilder dran sein.“

Sie spähten durch den Zaun. Zwischen den Containern spielten zwei kleine Mädchen.

„Was macht ihr da?“, rief Meik.

Die Mädchen antworteten nicht, aber eine Frau schaute um den Container herum und sagte: „Wir wohnen hier.“

„Auf unserem Fußballplatz?“, fragte Lars empört.

Die Frau kam zu ihnen an den Zaun. „Das tut mir leid, dass ihr unseretwegen hier nicht mehr spielen könnt. Aber wir sind froh, dass wir eine Unterkunft bekommen haben."

Meik schaute zu den Containern. Froh sein, darin zu wohnen? Nein, das konnte er sich nicht vorstellen.

„Haben Sie denn keine richtige Wohnung?", fragte er.

„Wir hatten eine Wohnung in Ost-Berlin, aber nun sind wir geflohen."

„Und Sie sind dabei nicht erschossen worden?", wunderte sich Meik.

Die Frau schüttelte den Kopf. „Wir sind über Ungarn gekommen. Da ist die Grenze jetzt offen."

„Die Grenze ist offen?", rief Meik aufgeregt. Das musste ihm die Frau genauer erzählen.

Sie erzählte von ihrer Reise nach Ungarn, wie sie Gerüchte gehört hatte, dass der Stacheldraht an der Grenze zu Österreich entfernt worden sei. Zuerst glaubte sie das nicht.

„Aber dann bekam ich in Budapest heimlich ein Flugblatt zugesteckt. Es war eine Einladung zum paneuropäischen Picknick, einem Picknick direkt an der Grenze. Wir wurden neugierig und dachten: Das schauen wir uns mal an. Und wirklich, es war kein Stacheldraht mehr da. Nur Wiese. Und ganz viele Leute, viele aus der DDR. Und dann … Wir liefen einfach los. Hunderte liefen über die Wiese, immer weiter, und niemand hielt uns auf. Als wir schließlich in ein Dorf kamen, fragten wir die Leute, wo wir wären. Sie nannten uns irgendeinen Namen, aber wir fragten: Was für ein Land? Sie schauten uns an, als ob wir nicht ganz richtig tickten. Na, Österreich, antworteten sie." Die Frau blickte Meik an. Sie hatte Tränen in den Augen. „Wir hatten es geschafft. Aber wir hatten ja nichts weiter dabei. Nichts, bis auf die Kleidung, die wir gerade anhatten. Alles andere mussten wir zurücklassen. Die Wohnung mit allem, was darin ist, das ganze gesparte Geld …" Die Frau presste die Lippen aufeinander und versuchte, nicht zu weinen. „Und die Freunde, meine Schwester … Vielleicht werde ich sie niemals wiedersehen."

Meik überlegte wie es wäre, wenn er plötzlich

fliehen müsste. Alles, was er in seinem Zimmer hatte, wäre weg, und seine Mutter hätte kein Geld, um ihm was Neues zu kaufen. Nicht einmal Essen könnten sie kaufen. Meik schaute zur Seite: Lars. Sein Freund unerreichbar weit weg!

„Ich würde nie fliehen“, sagte er.

„Ich wollte auch nicht“, sagte die Frau leise. „Jahrelang haben wir versucht in der DDR etwas zu verbessern. Mein Mann wurde deswegen drei Monate ins Gefängnis gesperrt. Dann wollten sie uns die Kinder wegnehmen. Sie sagten, wir seien nicht in der Lage, sie zu guten sozialistischen Staatsbürgern zu erziehen. Unser Freund war in der Partei. Er hat erreicht, dass die Kinder bei uns bleiben durften.“ Sie schwieg eine Weile, starrte vor sich hin. „Wir mussten einfach fliehen, obwohl wir hier niemanden kennen. Nicht wegen uns, aber wegen der Kinder.“

Auf der anderen Straßenseite ging ein Ehepaar vorüber. „Diese dreckigen Ausländer“, schimpfte der Mann so laut, dass sie es hören konnten, „jetzt nistet sich dieses Gesindel auch hier schon ein.“ Er schaute herüber und drohte mit der Faust.

„Verschwinden sollt ihr. Dahin, wo ihr herkommt."

Meik drehte sich um. „Verschwinden Sie doch, wenn es Ihnen nicht passt."

„Ihr werdet es sehen, Jungs", schrie der Mann zurück, „erst nehmen sie euch den Fußballplatz weg und dann das ganze Land."

Die Frau schüttelte traurig den Kopf. „Er kennt uns nicht und ist doch schon böse auf uns."

Am Nachmittag setzte sich Meik an seinen Schreibtisch und schrieb: *„Liebe Mia!* Er starrte auf das Blatt, runzelte die Stirn, zerknüllte das Blatt und warf es weg. Auf das neue Blatt schrieb er:

Hey, Mia!
Du kannst jetzt zu mir kommen. In Ungarn ist die Grenze offen. Geh über die Wiese, immer weiter bis nach Österreich. Es ist kein Stacheldraht mehr da.
Am besten, du bittest Opa Ludwig, dich zu fahren. Mit seinem Trabbi fährt er auch über die Wiese.

Wahrscheinlich musst du ein oder zwei Tage die Schule schwänzen oder ihr kommt am Wochenende.
Tschüss
Meik

Meik las, was er geschrieben hatte, und war zufrieden. Wenn Mia kam, musste er nur aufpassen, dass sie Toni nicht begegneten.

Das Telefon klingelte und kurz darauf kam seine Mutter ins Zimmer. „Ein Anruf für dich, Micha. Es ist Mia."

Meik sprang auf, stieß sich das Schienbein am Tisch, stolperte gegen seine Mutter, rannte ins Wohnzimmer und riss mit dem Hörer das Telefon vom Tisch.

Es schepperte mächtig, aber die Verbindung war zum Glück nicht unterbrochen.

Mia war bei einer Freundin in Ost-Berlin und hatte seit einer Stunde versucht ihn anzurufen. Immer war die Leitung besetzt gewesen. Sie fragte, ob er am Sonntag zu ihr kommen könnte. Meik fragte seine Mutter, aber die schüttelte den Kopf.

„Wir müssen einen neuen Mehrfachberechtigungsschein beantragen. Das dauert mindestens ein paar Tage."

„Dann komm doch am siebten Oktober", schlug Mia vor, „da wird überall gefeiert, weil die DDR vierzig Jahre alt wird."

Das ging in Ordnung. Nun musste Meik aber seine Neuigkeiten erzählen.

„Du, Mia, ich habe heute eine Frau getroffen, die kam aus Ost-Berlin. Sie ist über Ungarn ..."

Seine Mutter riss ihm den Hörer aus der Hand und hielt die Sprechmuschel zu.

„Spinnst du", herrschte sie ihn an, „kein Wort über Ungarn oder Flucht oder so. Das wird doch alles abgehört. Sag bloß nichts Falsches. Dann kriegen die drüben höllischen Ärger." Sie sah ihn beschwörend an und gab ihm den Hörer zurück.

„Hallo, Meik, hallo!" Mia dachte, die Verbindung wäre unterbrochen.

Meik war jetzt ganz durcheinander und traute sich überhaupt nichts mehr zu sagen. Das Gespräch wurde blöd. Er fing an zu stottern, ihm fiel nur die Schule ein, alles andere durfte er ja nicht erzählen. Als er aufgelegt hatte, ärgerte er sich über alles, was er gesagt hatte. Mia fand ihn jetzt bestimmt voll doof, nur weil er nicht sagen durfte, was er wollte.

Seine Mutter schärfte ihm noch einmal ein, dass er am Telefon niemals etwas sagen durfte, was die Stasi aufmerksam machte. Stasi war die Abkürzung für Staatssicherheitsdienst. Das waren die Leute, die alle überwachten und verpetzten. Sie lasen auch die Briefe und notierten sich alles Verdächtige. Verdächtig war, wer eine andere Meinung hatte als sie. Es kam vor, dass die Leute mit einer anderen Meinung einfach für eine Weile ins Gefängnis gesperrt wurden. So wie der Mann von der Containerfrau.

Meik ging in sein Zimmer und zerriss den Brief an Mia in lauter kleine Schnipsel.

Am siebten Oktober wurde kein einziger West-Berliner in die DDR gelassen.

9

Im Oktober hatte auch Onkel Hermann Geburtstag. Er wurde genau doppelt so alt wie die DDR.

Meik und seine Mutter fuhren wieder mit der S-Bahn zu ihm. Schräg gegenüber von Meik saß ein junges Ehepaar, das sich merkwürdig benahm. Immer wieder guckten sie aus dem Fenster und tuschelten miteinander. Als der Zug unterirdisch durch die unbenutzten Bahnhöfe mit den Wachposten fuhr, duckte sich die Frau blitzschnell unter das Fenster, während der Mann stocksteif sitzen blieb und geradeaus starrte.

Bahnhof Friedrichstraße hielt der Zug. Aus den Lautsprechern dröhnte eine Durchsage. Wegen Bauarbeiten konnte der Zug nicht weiterfahren, sie mussten in die U-Bahn umsteigen. Am Schluss der Durchsage noch einmal die eindringliche Aufforderung: „Bitte aussteigen. Der Zug endet hier. Alle aussteigen.“

Die Frau klammerte sich an ihren Mann und

schluchzte. „Nein, das kann doch nicht sein. Das dürfen sie nicht tun."

Meiks Mutter beugte sich zu ihnen hinüber. „Was haben Sie denn?"

Der Mann schwieg. Seit sie an den Wachposten vorbeigefahren waren, hatte er sich nicht das kleinste Stück bewegt. Auch die Frau reagierte nicht. Erst als Meiks Mutter die Hand beruhigend auf ihre Schulter legte und die Frage wiederholte, wandte sich die Frau um und stammelte: „Alles umsonst. Wieder DDR. Dabei hatten wir es doch geschafft."

„Was hatten Sie geschafft?"

„Wir sind gerade rausgekommen." Die Frau wischte sich mit dem Handrücken die Augen trocken. „Wir hatten uns zum westdeutschen Botschafter in Prag geflüchtet. Tausende. Und jeden Tag kamen neue über den Zaun geklettert. Haus und Garten, alles voll. Alle wollten in den Westen. Wir hatten Angst. Fünf Wochen lang. Angst, in die DDR zurückzugehen. Angst vor Krankheiten, vor Seuchen. Ohne Klo, oft stundenlang im Regen. Dann kam der Außenminister von Westdeutschland persönlich und holte uns da raus.

Wir konnten in den Westen fahren! Und nun? Alles umsonst. Jetzt sind wir wieder im Osten."

„Sie brauchen keine Angst zu haben." Meiks Mutter versuchte die Frau zu beruhigen. „Die Bahnsteige hier gehören noch zum Westen. Sie können umsteigen und wieder in den Westen fahren."

Die Frau schaute Meiks Mutter zweifelnd an. „Aber am Bahnhof Friedrichstraße sind doch immer die Kontrollen."

„Kommen Sie, bevor jemand aufmerksam wird", drängte Meiks Mutter, „die Kontrollen sind woanders, weiter oben. Hier unten wird Ihnen nichts passieren, solange Sie nicht auffallen."

„Ich werde diesen Zug nicht verlassen", sagte der Mann auf einmal.

Am anderen Ende betrat die Zugabfertigerin den Waggon und kam auf sie zu. „Sie müssen aussteigen, haben Sie nicht gehört?"

„Los, machen Sie", zischte Meiks Mutter.

Die Frau stand auf, schaute sich ängstlich um. Ihr Mann blieb sitzen.

„Nein", murmelte er, „nein, ich bewege mich keinen Schritt."

„Andy!“ Die Frau zog an seinem Arm. „Komm, es ist besser.“

Da stand die Zugabfertigerin schon neben ihnen und schaute streng in die Runde. „Was ist denn hier los?“

Meik griff schnell nach der Hand des Mannes und rief: „Komm, Onkel Andy, wir müssen hier umsteigen.“

Andy stierte Meik an, ließ sich aber hochziehen und ging wie eine aufgezogene Puppe mit Meik aus dem Waggon. Die Zugabfertigerin schaute ihnen kopfschüttelnd hinterher. Meik strich beruhigend über Andys Hand. Als ihnen ein Mann in Uniform entgegenkam, krampfte sie sich zusammen und wurde feucht.

Sie erreichten den anderen Bahnsteig, ohne aufgehalten zu werden. Mit der U-Bahn fuhren sie bis Gesundbrunnen. Der Bahnhof lag schon wieder im Westen.

„Von hier aus können Sie mit der S-Bahn weiterfahren“, sagte Meiks Mutter.

„Nein“, wehrte die Frau ab, „ich steige nicht wieder in eine S-Bahn. Und Andy erst recht nicht.“

Bei Onkel Hermann waren schon alle Geburtstagsgäste versammelt. Opa Ludwig, Oma Eli, Dieter und Bärbel waren gerade erst angekommen, raschelten noch mit Tüten und Einwickelpapier, reichten Mäntel durch das Gedränge und schauten sich prüfend im Garderobenspiegel an. Chris war nicht dabei, ihr war die Ausreise nicht gestattet worden.

„Die Regierung hat sie als Pfand zurückbehalten, damit wir auch alle zurückkehren“, sagte Dieter. Meik stellte sich das zuerst so vor, dass Chris in einen Raum gesperrt wurde, bis Dieter wieder zurück war. Aber das stimmte nicht. Chris konnte alles machen wie sonst, nur nicht mit nach West-Berlin fahren.

Dieter und Bärbel waren das zweite Mal im Westen. Eigentlich war das ja nur den Rentnern gestattet, aber zum achtzigsten Geburtstag des Onkels wurde eine Ausnahme gemacht.

Meik drängelte sich zu Onkel Hermann durch, umarmte ihn und reichte ihm das Päckchen mit dem gebastelten Pfeifenständer. An der Balkontür stand ein alter Freund von Onkel Hermann und paffte eine Zigarre. Neben ihm stand noch eine Frau.

„Das ist Hermanns Freundin“, raunte Opa Ludwig Meik zu, „du weißt doch, für die er sich so fein gemacht hatte.“

Meik staunte. Sie war ganz anders, als er es sich damals vorgestellt hatte. Das war gar keine vornehme alte Dame mit einem Schoßhündchen, die weder Lärm noch Kinder ausstehen konnte. Ganz im Gegenteil: Er fand sie auf Anhieb sympathisch. Ihre weißgrauen Haare hatten einen Bürstenschnitt, sie trug eine leuchtend bunte Bluse und schaute ihn fröhlich an. „Du bist der Meik? Ich werde von allen Lisa genannt. Nenn du mich auch so, aber auf keinen Fall Tante, das kann ich nicht ausstehen.“

Sie ging in die Küche und verzierte noch die Torten. Dabei sang sie. Meik kam hinterher und schaute ihr zu.

„Stört es dich, wenn ich singe?“, fragte sie ihn. „Weißt du, als ich so alt war wie du, da gab es noch keine Radios und so. Deshalb trällere ich immer vor mich hin.“

Sie sang weiter und ihre Bewegungen passten sich dem Rhythmus der Melodie an. „Magst du mir helfen, Meik?“

Meik nickte. Er sollte die Sahnetorte in Stücke schneiden. Mit dem großen Messer schnitt er sie mittendurch, dann leckte er vorsichtig die Creme vom Messer, drehte die Torte ein bisschen und schnitt weiter, bis es zehn Stücke waren.

Oma Eli kam in die Küche und schaute Meik über die Schulter.

„Herrje, was macht der Junge da“, rief sie, „die Stücke sind doch viel zu groß.“

Lisa guckte und lachte. „Er hat eben an seinen Appetit gedacht und nicht an deinen, Oma Eli.“

Oma Eli zog an Meiks Arm. „Komm lieber mit ins Wohnzimmer und lass das Lisa machen.“

Aber Meik machte sich los und blieb in der Küche, während Oma Eli seufzend wieder verschwand.

Lisa hatte inzwischen das Messer genommen und von einem Stück einen schmalen Streifen abgeschnitten. „Extra für Oma Eli.“ Sie zwinkerte Meik zu.

Meik lachte. „Wenn ihr das noch zu viel ist, soll sie es sich mit Opa Ludwig teilen."

Sie schnitten einen Teil der Kuchenstücke noch einmal in der Mitte durch, damit auch die mit dem kleinen Appetit ein Stück essen konnten.

Plötzlich kam Dieter in die Küche gestürzt.

„Ich brauche mir von dir nicht vorschreiben zu lassen, was ich tun muss", rief er ins Wohnzimmer zurück.

Opa Ludwig kam mit hochrotem Kopf hinterher. „Und ich sage dir, geh nicht nach Leipzig zur Demonstration. Halt dich da raus. Lass doch die anderen demonstrieren."

„Die anderen, die anderen", äffte Dieter ihn nach, „wenn jeder so denkt, passiert überhaupt nichts."

„Ich werde dir sagen, was passieren wird. Sie werden euch über den Haufen schießen. Peng, peng, peng!" Bei jedem Peng schlug Opa Ludwig auf den Küchentisch, dass die Torte wackelte.

„Das werden sie nicht wagen. Gorbatschow würde so etwas nie tun."

„Gorbatschow ist Präsident in der Sowjetunion. Er kümmert sich nicht darum, was bei uns geschieht." Opa Ludwig nahm ein Schokoladenstück von der Torte und steckte es in den Mund. Er schien gar nicht zu merken, was er da tat. Lisa zog schnell die Torte aus seiner Reichweite.

Dieter fuhr mit der Hand durch die Luft. „Aber ohne die Hilfe der Sowjetunion wird sich unsere Regierung nicht trauen, zu schießen. 1953 waren es ja auch sowjetische Panzer." Er wandte sich um. An der Küchentür blieb er stehen und schaute über die Schulter zurück. „Und dreiundfünfzig warst du schließlich auch dabei."

Opa Ludwig ließ sich auf den Küchenstuhl fallen und stützte seinen Kopf in die Hände.

„Was meint Dieter mit dreiundfünfzig?", fragte Meik.

Opa Ludwig atmete tief ein und aus und schwieg.

Lisa erklärte leise: „Er meint den 17. Juni 1953. Damals gab es auch schon eine große Demonstration gegen die DDR-Regierung. Sie wurde brutal niedergeschlagen. Sowjetische Panzer fuhren auf die Demonstranten los und es wurde geschossen. Viele Menschen starben dabei."

Opa Ludwig sprang plötzlich auf und lief zum Küchenfenster. Mit der geballten Faust hieb er auf das Fensterbrett. „Jaja, ich war dreiundfünfzig dabei. Und deshalb weiß ich auch, was ich sage. Wir haben damals Pflastersteine gegen die Panzer geworfen. Na und? Was macht das einem Panzer schon aus."

Bärbel schaute in die Küche und sagte: „Wir werden keine Steine werfen. Damit erreichen wir nichts Gutes. Nur wenn wir absolut friedlich sind, können wir ein Blutbad verhindern."

Sie schwiegen. Auf einmal waren alle still. Es war eine Stille, die Meik bedrückte. Keine kuschelig gemütliche Ruhe, in der er sich wohlfühlte, sondern eine Sprachlosigkeit, voll von stummen Vorwürfen.

Meik hatte einen dicken Kloß im Hals. Schließlich konnte er nicht mehr anders, er musste sich räuspern.

Plötzlich mussten sich alle räuspern. Dann war es wieder still.

Endlich sprach wieder jemand. Lisa. „Also was ist, wollen wir nicht Kaffee trinken?"

Alle stimmten erleichtert zu, setzten sich um den gedeckten Wohnzimmertisch und stocherten in ihren Kuchenstücken herum.

„Warum will Dieter denn unbedingt demonstrieren?“, fragte Meik leise seine Mutter.

„Er will nicht länger unter den schlechten Bedingungen drüben leben“, antwortete sie genauso leise.

„Warum bleibt er dann nicht einfach bei uns? Chris kann doch über Ungarn nachkommen.“

„Weil ich nicht abhauen will, verdammt noch mal“, fuhr Dieter so laut und zornig dazwischen, dass Meik zusammenzuckte, „die Regierung muss verschwinden, nicht wir.“

„Deswegen müsst ihr ja nicht euer Leben aufs Spiel setzen“, rief Oma Eli, „denkt doch auch mal an euer Kind und seid nicht so egoistisch.“

„Das ist ja wohl die Höhe“, brüllte Dieter los, „gerade weil wir für Chris eine bessere DDR wollen, gehen wir nach Leipzig. Nur wenn ganz viele Menschen in Leipzig demonstrieren, werden wir eine bessere Regierung bekommen.“

Oma Eli schüttelte nur vorwurfsvoll den Kopf.

Das machte Dieter noch zorniger. „Ihr habt gut reden, ihr seid ja Rentner und könnt in den Westen, wann ihr wollt. Aber wir, wir werden wie der letzte Dreck behandelt. Wir müssen denen in den Arsch kriechen, damit wir ausnahmsweise mal zu einer Familienfeier rausgelassen werden."

Meiks Mutter legte ihre Hand auf seinen Arm. „Dieter!"

„Na, ist doch wahr."

Als Meik seinen Kuchen aufgegessen hatte, stand er auf und stellte das Radio leise an. Er wollte Musik hören. Es waren Nachrichten und Meik wollte gerade einen anderen Sender einstellen, als er aufmerksam wurde.

Der Sprecher sagte: „… Montagsdemonstration in Leipzig werden schwere Auseinandersetzungen befürchtet. Um die Stadt herum sammeln sich Truppenverbände der Nationalen Volksarmee. Wie aus Ost-Berlin verlautete, soll eine Massenkundgebung mit allen Mitteln verhindert werden. Und nun noch eine Meldung vom Sport …"

Obwohl das Radio leise gestellt war, hatten alle mitgehört. Wie erstarrt saßen sie auf ihren Stühlen. Dieter war aschfahl im Gesicht geworden. Alle blickten zu ihm hin. Erwartungsvoll, prüfend, rechthaberisch oder auffordernd. Aber Dieter schwieg, blickte auf seinen Teller und Meik sah deutlich, wie er mehrmals schluckte.

„Es ist wichtig, dass wir nach Leipzig gehen", sagte Dieter schließlich bedrückt, „je mehr Leute dort demonstrieren, umso besser."

Meik hätte ihn gerne gefragt, ob er denn keine Angst davor hätte, aber er traute sich nicht. Als ob Dieter seine Gedanken erraten hätte, fügte er noch leise hinzu: „Eins könnt ihr mir glauben. Ich mache mir vor Angst fast in die Hose."

In der Nacht träumte Meik wirres Zeug. Eine riesige Menschenmenge stand auf einem Platz und ringsherum waren Panzer aufgefahren. Da nahm einer einen Stein in die Hand und ging auf die Panzer zu. Es war Opa Ludwig. Dieter wollte ihn zurückhalten und schrie: „Wir müssen absolut friedlich sein!" Aber Opa Ludwig ging unbeirrt weiter. Da verwandelte sich der Stein in ein Schwert und Opa Ludwig in den Drachentöter Siegfried.

Er schlug dem Panzer das Kanonenrohr ab. Aus dem Rohrstumpf schoss Blut. Plötzlich schossen alle Panzer mit Blut auf die Demonstranten und Bärbel schrie verzweifelt: „Jetzt gibt es doch ein Blutbad."

Meik wachte auf. Er saß aufrecht im Bett. Seine Mutter kam ins Zimmer und setzte sich auf den Bettrand.

„Was ist denn los? Du hast ja entsetzlich geschrien."

„Ich habe nur geträumt", murmelte er und war froh, dass seine Mutter noch eine Weile bei ihm sitzen blieb. „Ob es morgen ein Blutbad gibt?", fragte er.

„Nein, bestimmt nicht." Sie wich seinem Blick aus. Sie war sich längst nicht so sicher, wie sie tat.

„Und wenn Dieter morgen erschossen wird?" Meik konnte sich das gar nicht vorstellen.

„Ach, red nicht davon. Es darf einfach nicht sein."

Aber was war, wenn es doch passierte? Meik lag noch lange wach, bis er endlich wieder einschlief.

Am nächsten Tag, am Montag, sollte die große Demonstration sein. Meik konnte sich in der Schule gar nicht konzentrieren, zweimal ging er im Unterricht auf die Toilette, um mit dem Walkman heimlich Nachrichten zu hören.

Aber erst am Nachmittag sendete der Rundfunk eine Meldung aus Leipzig: Tausende hatten sich zum Friedensgebet in der Nikolaikirche versammelt.

Ob Bärbel und Dieter jetzt auch in der Kirche waren? Beteten sie? Im Urlaub hatte Bärbel gesagt, dass sie noch nie in einem Gottesdienst gewesen war. Aber jetzt gingen viele in die Kirche, weil sie dort gegen die Regierung protestieren konnten.

Journalisten aus dem Westen durften nicht nach Leipzig. Deswegen konnten die Nachrichtensprecher der West-Sender kaum etwas über die Demonstration berichten. Nur das, was heimlich weitergesagt wurde. In den Ost-Nachrichten wurde gar nichts über die Demonstration berichtet, weil die Regierung der DDR sie verschweigen wollte.

Meik wurde immer ungeduldiger. Als seine Mutter von der Arbeit kam, hockten sie sich zusammen ins Wohnzimmer und hörten abwechselnd die Nachrichten im Radio und im Fernsehen.

Nichts Neues.

Was geschah in Leipzig? Wurde dort bereits geschossen, bloß weil die Regierung nicht wollte, dass die Menschen eine andere Meinung hatten als sie? Wer war denn die Regierung? Das waren doch auch Menschen, dieser Erich und so. Genauso wie Dieter und Bärbel. Warum redeten sie nicht miteinander? Gewehre konnten doch nicht entscheiden, wer die bessere Meinung hatte. Meiks Gedanken schwirrten durcheinander.

Endlich, am späten Abend, Neuigkeiten aus Leipzig: Siebzigtausend Menschen waren nach dem Gottesdienst durch die Innenstadt gezogen, hatten für Reformen demonstriert, hatten gerufen: „Wir sind das Volk!" und: „Wir bleiben hier!" Die Soldaten hatten nicht geschossen. Alle waren friedlich geblieben.

Meik stieß einen Freudenschrei aus. Seine Mutter umarmte ihn und drückte ihn ganz fest an sich.

„Ist das nicht schön“, sagte sie immer wieder, „ist das nicht schön, dass keinem was passiert ist!“

10

Zuerst dachte Meik, die Demonstration in Leipzig hätte gar nichts genutzt. Der Dienstag danach verlief wie ein ganz normaler Tag. Der Mittwoch auch. Der Donnerstag genauso. Eine ganze Woche schien nichts zu geschehen.

Meik war enttäuscht. Dieter und Bärbel hatten ihr Leben aufs Spiel gesetzt, und nun? Änderte sich doch nichts?

Dann wurde der wichtigste Mann der DDR, Erich Honecker, abgesetzt. Alle seine Ämter übernahm ein anderer, der genauso unbeliebt war. Also war immer noch nichts Richtiges geschehen.

Wieder dauerte es mehr als eine Woche, aber dann geschah wirklich was. Etwas, was noch nie da gewesen war.

Bei Meik wurde geklingelt. Sturm geklingelt.

Mitten in der Nacht.

Meik und seine Mutter trafen sich in Schlafanzügen auf dem Flur und schauten einander verstört an. Keiner wusste, was los war. Sie machten lieber nicht die Tür auf, sondern schauten erst einmal aus dem Fenster.

Vor der Haustür, im schwachen Lampenschein, standen drei Gestalten, die sich zu den Klingelknöpfen hinunterbeugten. Und auf dem Plattenweg, der eigentlich nur für Fußgänger war, stand ein Auto. Meik stutzte. War das nicht ein Trabbi? Aber das Licht reichte nicht aus, um es genau zu erkennen.

Jetzt hastete eine der Gestalten zum Auto. Sie öffnete die Fahrertür und drückte auf die Hupe. „Trööt ... trööt!“ Mitten in der Nacht! Und dann wieder: „Trööt ... trööt!“ Meiks Mutter riss das Fenster auf und schrie: „Ruhe!“ Die beiden Gestalten vor den Klingeln drehten sich um. Licht fiel auf ihre Gesichter. „Na endlich, Ingeborg, mach uns auf.“

„Trööt ... trööt!“

Meiks Mutter erkannte ihren Cousin. „Dieter, bist du völlig übergeschnappt?“ Dann stutzte sie, begriff plötzlich. „Dieter, du? Wie geht denn das? Bärbel, Chris, wie kommt ihr denn hierher?“

„Die Grenze ist offen, die Grenze ist offen!“, sangen die drei. „Tröööt … tröööt!“

Überall im Haus gingen Lichter an. Die Nachbarin hämmerte gegen das Heizungsrohr. Fenster wurden aufgerissen. Es wurde nach Ruhe, nach der Polizei und nach Ordnung gerufen.

Meik und seine Mutter rannten in ihren Schlafanzügen durch das Treppenhaus. Türen gingen auf.

Verschlafene Gesichter fragten, was los sei.

„Die Grenze ist offen.“

„Die Russen kommen“, hallte schrill die Stimme einer alten Dame durch den zweiten Stock. Sie floh in ihre Wohnung zurück und verriegelte die Tür.

Im ersten Stock schrie jemand: „Es brennt, es brennt.“

Ein anderer: „Nein, das Wasserrohr ist offen.“

„Ein Rohrbruch, ein Rohrbruch.“

„Rette sich, wer kann!“

„Tröööt … tröööt!“

Dann stürzten Meik und seine Mutter aus der Haustür und wurden von Dieter, Bärbel und

Chris umarmt. Immer wieder wurde Meik an tränennasse Gesichter gedrückt.

„Offene Grenzen, dass wir das erreicht haben", stammelte Bärbel.

„Dass so was möglich ist", schluchzte Dieter.

„Los, zeig mir dein Zimmer", rief Chris.

„Dass wir das noch erleben", sagte Meiks Mutter mit tränenerstickter Stimme.

Inzwischen hatten sich alle vor dem Haus versammelt. Die, die nicht verbrennen wollten. Die, die nicht ertrinken wollten. Die, die neugierig waren, und die, die das Ereignis feiern wollten. Und dazu kamen noch die, die bei dem Lärm nicht schlafen konnten.

Als sie erfuhren, was wirklich geschehen war, fassten sich alle an den Händen und tanzten um den Trabbi herum. Manche im flatternden Nachthemd, andere im Bademantel, einer in schwarzen Lackschuhen, andere in Pantoffeln oder barfuß. Und alle waren fröhlich. Über ihre Gesichter kullerten die Freudentränen.

In einer Parterrewohnung klingelte das Telefon. Kurz darauf rief ein Mann: „Meine Schwester aus Leipzig erwartet mich am Kudamm!“ Dann brach er in Tränen aus.

Meik lief mit Chris nach oben in sein Zimmer. Chris hatte nicht viel Zeit, sich alles anzusehen, denn da kam schon Meiks Mutter heraufgestürmt.

„Los, Micha, zieh dich an! Wir fahren zum Kudamm.“ Das ist wirklich ein besonderer Tag heute, dachte Meik, wenn sie mitten in der Nacht mit mir zum Kudamm will.

Als sie wieder nach unten kamen, standen Bärbel und Dieter neben ihrem Trabbi und erzählten den Hausbewohnern, wie sie im Radio von der Grenzöffnung gehört hatten, es nicht glauben konnten, aber dann doch zum Grenzübergang Dreilinden gefahren waren.

„Wir haben einfach nur den Ausweis hochgehalten, so hier, so.“ Dieter hielt seinen Zuhörern den Ausweis hin. Er konnte es immer noch nicht fassen. „Und der Vopo hat nicht mal reingeschaut, er hat uns einfach durchgewunken. Wir konnten in den Westen und wir dürfen auch wieder zurück. Ich habe extra gefragt.“

Sie quetschten sich in den Trabbi und knatterten los. Die Straßen waren menschenleer. Meik kam alles unwirklich vor. Er sauste durch die dunklen, verschlafenen Außenbezirke Berlins, wohlig umgeben von der aufgeregten Unterhaltung im Trabbi.

Es war ein dumpfes Bummern, das ihn langsam wieder aufwachen ließ. Auch die Stimmen waren mehr und lauter geworden. Er schaute sich blinzelnd um. Die Straße war voller Autos. Dazwischen schoben sich Menschen voran, die lachten, kreischten, weinten und sangen. Meik kam es jetzt noch unwirklicher vor. Die Leute, die am Trabbi vorbeidrängten, trommelten mit den Fäusten auf das Autodach. Davon war Meik wachgeworden.

Sie kamen inzwischen nur noch im Schritttempo voran. Die Fenster vorn waren runtergekurbelt. Dieter und Bärbel winkten, und immer wieder zwängten sich Arme herein und suchten Hände zum Schütteln.

Plötzlich regnete es. Nein, jemand spritzte mit Sekt herum! Meik bekam einen ganzen Schwall
ins Gesicht. Genüsslich leckte er den Sekt ab, so weit er mit der Zunge kam, und grinste seine

Mutter an. Sekt bekam er sonst nur zu Neujahr und dann auch nur einen winzigen Schluck.

Als sie in dem Gedränge wieder anhalten mussten, wurde der Trabbi gepackt und hin und her geschaukelt. Meik wurde fast schlecht. Sein Kopf schlug gegen Chris, und er wunderte sich nur noch, dass der Trabbi nicht umkippte. Bärbel fuhr an den Straßenrand. Meik war heilfroh, endlich aussteigen zu können. Jeder, der am Trabbi vorbeikam, schlug ein paarmal aufs Autodach. Dieter sah sich nach einigen Schritten prüfend um.

„Na, ob wir den noch heil wiedersehen?“, sagte er zweifelnd und lachte.

Mit dem Strom der Menschen liefen sie den Kudamm hinunter. Leute, die Meik vorher noch nie gesehen hatte, kamen auf ihn zu, umarmten ihn und drückten seinen Kopf gegen ihr Gesicht, das meist feucht war. Ihm wurde Sekt gereicht, mit Bierkrügen zugeprostet, und immer wieder schlug ihm jemand auf die Schulter oder hakte sich für ein paar Schritte bei ihm ein.

Chris blieb oft vor den Schaufenstern stehen

und konnte sich an den Auslagen nicht sattsehen. So vieles war hier anders als bei ihr zu Hause. Vor einem Buchladen wollte Chris überhaupt nicht mehr weggehen.

„Guck mal, da", rief sie aufgeregt, „dieses Buch, und das da, die sehen ja toll aus. Kannst du sie mir morgen Früh gleich besorgen?" Chris überlegte einen Moment und Meik starrte sie verwirrt an. Dann sagte Chris: „Nein, brauchst du nicht. Ich stelle mich nachher selber hier an."

„Anstellen?" Meik verstand sie nicht.

„Wenn ihr nachher nach Hause geht, stelle ich mich hier an, damit ich morgen Früh die Erste im Laden bin. Sonst kauft mir jemand die Bücher weg."

„Warum sollte dir denn jemand die Bücher wegkaufen?"

Chris schaute ihn entrüstet an. „Na, glaubst du vielleicht, ich bin die Einzige, der die Bücher gefallen?"

Meik zuckte die Achseln. „Wenn schon. Dann bestellst du sie eben oder gehst in einen anderen Laden."

„Bestellen! Quatsch!“ Chris zeigte ihm einen Vogel. „Wenn du was Gutes siehst, muss du es gleich kaufen oder es ist weg.“

Meik zog sie genervt vom Schaufenster weg. „Komm schon, du kannst nicht alles kaufen, was dir gefällt.“

So redete seine Mutter immer mit ihm. Er kam sich richtig erwachsen vor. Hier wusste er Bescheid. Im Urlaub in der DDR hatten Chris und Mia oft über ihn gelächelt. Da kannten sie sich besser aus.

Mia! Dass er nicht schon längst an Mia gedacht hatte! Jetzt konnte sie ihn ja auch besuchen. Einfach so, ohne Tunnel und ohne Umweg über Ungarn. Wusste sie schon von der Grenzöffnung? War sie auch in West-Berlin? Vielleicht stand sie gerade vor seiner Tür und war enttäuscht, dass er nicht mehr zu Hause war. Ach, warum war er nur mit an den Kudamm gefahren.

Seine Mutter tröstete ihn. „Wenn Mia wirklich den Weg zu uns gefunden hat, dann schreibt sie dir bestimmt eine Nachricht und ihr könnt euch am Wochenende treffen.“

Ja, das fand Meik gut. Am Wochenende wollte er sich ganz bestimmt mit Mia treffen. Und nun zogen sie weiter.

Als Chris aufs Klo musste, ging sie in ein Hotel. Zehn Minuten später kam sie wieder herausgestürmt.

„Mama, Mama, du musst aufs Klo gehen."

„Aber ich muss doch gar nicht."

„Doch, nur mal gucken." Chris zog ihre Mutter am Arm in das Hotel. „Das musst du gesehen haben, die Wasserhähne, die Kacheln und dann die Klobrillen ..."

„Sie ist eben das erste Mal im Westen", sagte Dieter und es klang ein bisschen traurig.

Eine Gruppe lief an ihnen vorbei. Die Leute schwenkten Deutschlandfahnen mit einem Loch in der Mitte. Sie hatten DDR-Fahnen genommen und das Emblem herausgeschnitten. Dazu riefen sie: „Wir sind ein Volk, wir sind ein Volk." Aber sie waren schon ziemlich heiser.

Eine andere Gruppe verteilte brennende Wunderkerzen. Auf einmal funkelte es rings um Meik.

Ein Stückchen weiter zwängten sie sich in ein

überfülltes Lokal. Meiks Mutter wurde von einem wildfremden Mann geküsst.

„Wir sind doch alle eine große Familie“, lallte er zur Entschuldigung. Dann sang er los: „So ein Tag, so wunderschön wie heute …“ Und alle im Lokal sangen mit. Der Mann hob die Arme und dirigierte. Dabei tanzte er im Kreis.

Der Wirt spendierte eine Lokalrunde. Jeder bekam ein Bier umsonst. Meik erwischte auch eins, musste es aber nach zwei Schlucken an seine Mutter abgeben. Es schmeckte ihm auch gar nicht, aber er kam sich erwachsen vor.

In dieser Nacht wurde es mit dem Bezahlen nicht so genau genommen. Wer kein Westgeld hatte, bezahlte eben mit Ostgeld oder er wurde auf ein Bier eingeladen.

Auf der Straße kam ein Mann auf sie zu. „Wahnsinn“, schrie er und schlug sich mit der Hand auf die Stirn, „das ist doch Wahnsinn!“

Er forderte Meik auf: „Los, Junge, kneif mich, sonst glaub ich, dass ich träume.“

Meik griff seinen Arm und drückte ein bisschen.

„Hab ich's mir doch gedacht", sagte der Mann enttäuscht, „ich träume das alles nur."

Da kniff Meik ihn ganz fest in die Wange.

„Au!" Der Mann zuckte zurück und lächelte dankbar. „Dann träume ich ja doch nicht. Das ist ja Wahnsinn!" Er lief weiter und schlug sich mit der Hand auf die Stirn. „Wahnsinn!"

Es war vier Uhr, als sie zum Trabbi zurückkamen. Um halb fünf plumpste Meik in sein Bett und schlief sofort ein. Eine Nachricht von Mia hatte er nicht gefunden.

11

Zwei Stunden später ging der Radiowecker an. Meik drehte sich auf die andere Seite und zog im Halbschlaf das Kissen über seinen Kopf.

Das Klingeln des Telefons ließ sich nicht so leicht ignorieren. Meik stand auf und tapste ins Wohnzimmer. Hier war der Apparat nicht. Es klingelte in seinem Zimmer. Wieso stand das Telefon jetzt an seinem Bett?

Er meldete sich verschlafen.

„Hab ich es mir doch gedacht, dass du nicht von allein wach wirst." Die Stimme seiner Mutter klang viel zu munter. Er hielt den Hörer von seinem Ohr weg.

„Also, aufstehen, hörst du?"

„Jaja." Meik legte auf, blieb auf der Bettkante sitzen und starrte vor sich hin. Langsam schlossen sich seine Augen. Er kippte zur Seite, spürte das angenehm kühle Kopfkissen im Gesicht und schlief ein.

Das Telefon klingelte wieder. Seine Mutter rief noch einmal aus dem Krankenhaus an. Diesmal war er sofort wach, und ihm fiel ein, was in der Nacht passiert war. Zehn Minuten später rannte er aus dem Haus. An der Bushaltestelle stand Lars.

„Hast du schön gehört?“, rief er Meik entgegen, „die Grenze ist offen.“

„Ach nee.“

„Hätte ja sein können, dass du es noch nicht weißt“, sagte Lars beleidigt.

„Was meinst du wohl, was ich die letzte Nacht gemacht habe?“ Meik war mächtig stolz.

„Was, du?“ Lars war ganz verwirrt. „Ich denke die Ossis …“

„Na klar, aber mich haben sie vorher abgeholt.“

„Wer? Deine Mia?“

Meik schüttelte nur den Kopf.

„Was war denn?“, drängte Lars.

Meik erzählte ihm alles. Als er Enrico am Schultor sah, verstummte er sofort und zischte: „Kein Wort mehr darüber!“

Aber er musste noch viel mehr darüber erzählen. Alle Lehrer wollten mit den Schülern über die

Maueröffnung sprechen. Zwar jammerte die Mathelehrerin sonst immer, dass sie den Stoff nicht schaffen würde, aber heute unterhielt sie sich mit ihnen die ganze Stunde über die Maueröffnung.

Sie selbst hatte erst durch die Morgennachrichten davon erfahren. Meik war der Einzige in der Klasse, der in der Nacht auf gewesen war. Er musste sich vorn an den Lehrertisch setzen und erzählen. Er genoss es, so im Mittelpunkt zu stehen. Alles hörte auf ihn. Er wusste mehr als die Lehrerin. Meik musste nur aufpassen, dass er nichts erzählte, was Toni nicht hören durfte.

Den ganzen Vormittag blieb Meik vorn sitzen. Herr Sanfried bedauerte in der zweiten Stunde sehr, dass er Meiks Bericht über die Nacht versäumt hatte. Er bat Meik, doch wenigstens ein bisschen davon auch ihm zu erzählen. Die Klasse freute sich. Noch mal das Gleiche zu hören war immer noch besser, als richtiger Unterricht mit Hausaufgaben.

Meik kam so richtig in Fahrt. Mit jedem Mal erzählen wurden es mehr Menschen auf dem Kudamm, hatte er mehr Bier und Sekt getrunken und weniger geschlafen. Schließlich war er sich selber nicht mehr sicher, ob er eine ganze Flasche Sekt ausgetrunken hatte oder doch nur einen kleinen Schluck abbekommen hatte. Aber was machte das schon. Was er erlebt hatte, war die Sensation des Tages, egal, wie viel er dabei getrunken hatte. Meik wusste auch sonst am besten über die DDR Bescheid. Viele aus seiner Klasse waren noch nie drüben gewesen. Meik war der Fachmann. Er musste viele Fragen beantworten. Herr Sanfried, der schon an der Schule unterrichtet hatte, als es die Mauer noch nicht gab, schüttelte bei manchen Fragen den Kopf und murmelte: „Da reisen die Kinder heute durch die halbe Welt, aber über ihre Landsleute in der DDR wissen sie nicht Bescheid."

Einer fragte: „Müssen die Menschen in der DDR hungern?"

Meik lachte. „Ich war die halben Sommerferien in der DDR. Seh ich verhungert aus?"

Ob vor jedem Haus ein Russe mit einem Gewehr steht?

„Nein."

„Gibt es drüben Schokolade zu kaufen?"

„Ja.“

„Warum werden dann immer Kaffee und Schokolade rübergeschickt?“

Meik überlegte eine Weile. „Schokolade ist in der DDR teuer. Und mir schmeckt sie nicht so gut.“

„Stimmt es, dass man sechzehn Jahre auf ein neues Auto warten muss?“

Meik nickte. Opa Ludwig hatte ihm das mal erzählt.

„Gibt es drüben auch kleine Mädchen zum Verlieben?“ Die Frage hatte natürlich Toni gestellt. Er hatte sich die ganze Zeit schon geärgert, dass Meik vorne sitzen und Lehrer spielen durfte. Jetzt drehte er sich auf seinem Stuhl um und grinste in die Klasse. Aber heute mochte keiner Meik auslachen. Und der tat so, als hätte er die Frage nicht gehört.

In der Pause kam Toni auf Meik zu. „Alter Angeber, brauchst dir auf deine Ossis gar nichts einzubilden.“

Meik rannte weg, aber Toni folgte ihm. „Ossis stinken und sind faul.“

Meik reagierte nicht darauf.

Toni schnüffelte an ihm herum. „Du stinkst schon genauso." Er rempelte ihn an.

Meik drehte sich weg. „Lass mich in Ruhe."

„Ich mag stinkende Ossis nicht." Toni nahm Meik in den Schwitzkasten.

In dem Moment kam die Schöne und trennte die beiden.

Meik war erleichtert. Vorhin, als keiner über Tonis Frage lachte, hatte er Mut bekommen, aber jetzt traute er sich doch nicht mehr, sich mit Toni anzulegen.

Meik dachte an Chris und Mia. Sie konnten ihn nun immer besuchen kommen. Bestimmt begegneten sie dabei auch mal Toni. Was sollte er dann machen? Toni würde bestimmt über Mia herziehen. Und wenn Meik nichts dagegen tat, war das nicht so etwas wie Verrat an Mia?

Es war immer gut gewesen, sich nicht gegen Toni zu wehren. Dann wurde auch Toni nicht so grob und seine Stänkereien ließen sich ertragen. Wenn sich Meik aber von Toni nun nichts mehr gefallen ließ, dann würde auch Toni richtig kämpfen, und davor hatte Meik Angst.

Ihm fiel Dieter ein. Der hatte auch Angst gehabt und trotzdem demonstriert. Meik nahm sich fest vor, sich von Toni nicht mehr einschüchtern zu lassen.

Aber nach der Schule schlich er sich doch wieder an Toni vorbei, um unbemerkt zur Bushaltestelle rennen zu können. Vielleicht erwischte er ja einen Bus vor Toni.

Es stand schon ein Bus da, aber es war ein Reisebus. Meik wollte erst gar nicht einsteigen. Aber dann winkte ihn der Fahrer herein und versicherte ihm, dass er denselben Weg wie ein normaler Bus fahren werde. Es waren so viele Menschen aus der DDR nach West-Berlin gekommen, dass die normalen Stadtbusse nicht ausreichten.

Im Bus war es voll, aber an der nächsten Haltestelle ergatterte Meik einen Fensterplatz und machte es sich in dem Plüschsessel bequem. Jetzt verreisen, dachte er, einfach weit wegfahren. Ihm fiel ein, dass Reisebusse ein Klo hatten, und er grinste

bei dem Gedanken, nächstes Mal fünf Minuten länger zu schlafen und dafür während der Fahrt aufs Klo zu gehen.

12

Schulfreier Samstag. Meik konnte ausschlafen und frühstückte gemütlich mit seiner Mutter. Der Briefträger klingelte und gab einen Brief ab, für den Nachporto bezahlt werden musste. Es klebte keine Briefmarke drauf. Es war auch gar kein richtiger Brief, sondern ein Pappteller für Würstchen, wie man sie an Imbissbuden bekam.

Auf der einen Seite standen Meiks Name und Adresse und auf der anderen:

Freitag, 0 Uhr 50
Lieber Meik,
ich habe dich angerufen, aber niemand hat abgenommen. Wir sind bei euch, am Kudamm!!! Wir sind durch das Brandenburger Tor gelaufen und keiner hat uns aufgehalten. Ganz viele Menschen sind mit uns über die Mauer geklettert und dann sind wir alle zum Kudamm gelaufen. Mama war schon mal hier, als ihre Mutter beerdigt wurde,

Papa und ich sind zum ersten Mal im Westen. Es ist aufregend, dein Berlin kennenzulernen.
Tschüss, Mia

Viele Gedanken schossen durch Meiks Kopf. Mia war da. Sie hat mir geschrieben. Warum habe ich nicht auf sie gewartet? Er rannte in sein Zimmer und schaute aus dem Fenster. Stand sie vielleicht schon unten und wartete auf eine Antwort von ihm? Meik sah nur, wie der Briefträger wieder das Haus verließ. Natürlich war von Mia weit und breit nichts zu sehen.

Meik lief ins Wohnzimmer zurück. Vor dem Telefon blieb er stehen und starrte es voller Ungeduld an. Warum rief Mia nicht noch einmal an?

Seine Mutter lachte. „Vom bloßen Angucken klingelt es auch nicht."

Meik wurde rot und setzte sich wieder an den Frühstückstisch. Ein halbes Brötchen lag noch auf seinem Teller, aber er bekam jetzt keinen Bissen mehr hinunter. Wenn nun das Telefon kaputt war? Vielleicht versuchte Mia ihn anzurufen und bekam keine Verbindung. Meik sprang auf, riss den Hörer von der Gabel. Es tutete. Das Telefon war also in Ordnung. Aber es war ja besetzt, solange er den Hörer in der Hand hielt. Schnell warf er ihn zurück. Wenn Mia eben hatte anrufen wollen, hatte er wieder alles verpatzt. Was er auch tat, es war falsch.

Er konnte Mia nicht anrufen, weil ihre Familie kein Telefon hatten. Einen Brief schreiben hatte keinen Zweck, der brauchte mindestens eine Woche bis Teltow.

„Was soll ich denn machen“, maulte er.

„Ruf doch bei Chris an“, meinte seine Mutter.

Meik suchte sich die Nummer aus dem Adressheftchen heraus. Aber kaum hatte er die Vorwahl für die DDR gewählt, ertönte das Besetzt-Zeichen. Als er es später wieder probierte, war es immer das Gleiche.

Den ganzen Tag lief er unruhig durch die Wohnung, hielt es nirgends lange aus und machte auch seine Mutter ganz nervös.

„Wollen wir zum Brandenburger Tor fahren?“,
schlug sie schließlich vor. „Da ist bestimmt ’ne Menge los. Und vielleicht ist Mia auch dort.“

Meik wollte nicht. Einmal hatte er Mias Anruf verpasst, ein zweites Mal sollte ihm das nicht passieren. Meiks Mutter zuckte die Schultern. Dann sei ihm auch nicht zu helfen.

Da klingelte das Telefon. Meiks Mutter war näher. Sie hob ab. War es Mia? Meik drängte sich an seine Mutter, wollte ihr schon den Hörer aus der Hand reißen.

Sie hielt ihre Hand über die Sprechmuschel. „Es ist Omi aus Stuttgart", erklärte sie genervt und trat einen Schritt von ihm weg.

Omi ließ sich ausführlich erzählen, was in Berlin los war. Meik wurde ganz zappelig. Wenn nun gerade Mia versuchte anzurufen! Seine Mutter hatte sich auf die Couch gesetzt, die Beine hochgelegt und sah nicht so aus, als ob sie bald aufhören wollte zu telefonieren.

Meik setzte sich neben sie, blickte auf die Uhr, starrte auf das Telefon, rutschte ungeduldig hin und her, schaute seine Mutter vorwurfsvoll an, sprang auf, lief durchs Zimmer, setzte sich wieder, schlug im Rhythmus auf seine Knie, sah noch mal auf seine Uhr, räusperte sich …

„Mensch, Meik, lass mich endlich in Ruhe telefonieren“, herrschte ihn seine Mutter an, „führ deinen Balztanz gefälligst woanders auf.“

Meik wusste nicht so recht, was sie mit „Balztanz“ meinte, jedenfalls war es eine Anspielung auf Mia und gemein.

Er stapfte in sein Zimmer, drehte Musik auf und warf sich auf sein Bett.

Die Musik endete abrupt.

„Du bist wohl völlig übergeschnappt“, schrie seine Mutter, ließ den Stecker der Stereoanlage auf den Boden fallen und rannte zum Telefon zurück. Meik sprang auf, knallte die Tür hinter ihr zu und setzte die Kopfhörer auf. Aber heute gefiel ihm nicht einmal die Musik. Er blieb auf dem Bett sitzen und starrte gelangweilt vor sich hin. Ein widerlicher Tag war das. Er wurde böse auf Mia. Sie war schließlich schuld daran, dass er wartete. Warum meldete sie sich nicht?

Kassette um Kassette dröhnte in seine Ohren. Nichts geschah.

Etwas berührte ihn an der Schulter. Er zuckte zusammen und sah hoch. Es war seine Mutter.

„Telefon für dich“, sagte sie, als er die Kopfhörer abgenommen hatte, „es ist …“

Den Rest hörte Meik nicht mehr. Er war längst ins Wohnzimmer gestürzt, riss dabei die Stehlampe um und verwickelte sich aus Versehen ins Telefonkabel.

„Ja?“

Lars meldete sich.

„Ach, du bist es“, murmelte Meik enttäuscht.

„Ich habe ein paar Sachen für die Containerfamilie rausgesucht“, sagte Lars, „vielleicht hast du ja auch noch was. Dann können wir zusammen hingehen.“

Containerfamilie. Meik musste erst einmal nachdenken. Ach ja, die, die auf dem Fußballplatz wohnte und bei der Flucht all ihre Sachen zurückgelassen hatte. Lars wollte den Kindern Spielsachen schenken und seine Mutter hatte einiges für die Eltern rausgesucht.

„Komm doch einfach vorbei“, sagte er. Hauptsache, die Telefonleitung wurde wieder frei.

Die Glühbirne der Stehlampe war kaputt. Meiks Mutter schimpfte. Meik und Mia hätten sich über einen Monat nicht gesehen, da käme es nun auf einen Tag mehr oder weniger auch nicht an.

Oh doch, dachte Meik, es kam sogar auf jede Minute an. Jetzt, wo es plötzlich möglich war, dass Mia ihn besuchte.

Lars kam. Sie suchten Spielzeug zusammen, das Meik entbehren konnte. Lars wunderte sich, dass Meik nicht zu der Familie mitkommen wollte.

„Ich erwarte einen wichtigen Anruf", erklärte Meik.

Lars blickte ihn an, als ob er Chinesisch geredet hätte. Dann grinste er plötzlich. „Von deiner Mia, was?"

„Grins nicht so blöd", rief Meik, „und sag nicht immer ‚deine Mia'."

„Ist schon gut." Lars grinste noch immer. „Dann geh ich eben allein."

Am Abend gab es für Meik kaum noch Hoffnung auf einen Anruf von Mia.

„Wir können doch zu ihr fahren", sagte er, „jetzt ist sie bestimmt zu Hause."

Seine Mutter schüttelte den Kopf. „So einfach geht das nicht. Für uns hat sich nichts geändert.

Wir müssen das genauso wie früher vorher beantragen."

Meik hätte heulen können. So ein schrecklicher Tag. Alles Warten umsonst. Er wollte auf jemanden wütend sein, der Schuld an allem hatte. Aber es gab keinen, dem er die Schuld an seinem Ärger geben konnte. Das machte ihn noch wütender.

13

Am nächsten Morgen sagte Meiks Mutter gleich als Erstes: „Also, ich gehe heute zum Brandenburger Tor, du kannst ja machen, was du willst."

Meik tapste gerade verschlafen ins Bad und war auf solch energische Entscheidungen gar nicht vorbereitet. Überhaupt war es sonst eher Meik, der etwas unternehmen wollte, und seine Mutter, die lieber zu Hause blieb. Alles war verkehrt in diesen Tagen, alles stand Kopf.

Er schaute in den Spiegel und schnitt Grimassen. Das konnte er ziemlich gut.

Mit Lars hatte er mal gewettet, wer mehr Grimassen schneiden konnte. Meik hatte fast doppelt so viele zustande gebracht wie Lars. Und wenn er die Hände zu Hilfe nahm, waren es noch viel mehr.

Flieger machte er am liebsten. Zwei Kreise aus Daumen und Zeigefinger bildeten die Brille, die anderen Finger kamen ans Kinn. Dabei musste er die Arme verdrehen, und die Ellenbogen standen weit ab. Dazu machte er die Motorengeräusche. Seine Mutter hatte den Flieger im Bad verboten, weil hinterher immer Spucketröpfchen am Spiegel klebten.

Heute sagte sie nur: „Na, dir scheint's ja schon wieder besser zu gehen."

Meik überlegte. Wie ging es ihm eigentlich?

Eigentlich ... eigentlich hatte er auch Lust aufs Brandenburger Tor.

Als er sich seine Nase am Spiegel breit quetschte, hatte er sogar noch eine Superidee. Er würde einen Brief an Mia schreiben und mitnehmen. Vielleicht traf er nachher jemanden aus Teltow, der den Brief bei Mia abgeben konnte.

Um elf Uhr kamen sie zur Straße des Siebzehnten Juni. Sie führte durch einen riesigen Park auf das Brandenburger Tor zu. Sie war so breit, dass zehn Autos nebeneinanderfahren konnten. Jetzt standen mindestens zwanzig Autos nebeneinander, parkten kreuz und quer, und wer fahren wollte, kam kaum voran.

Zwischen den Autos drängten Meik und seine

Mutter mit vielen anderen Menschen zum Brandenburger Tor.

Meik schnüffelte. Da war ein Geruch, der ihn an Teltow denken ließ, an Opa Ludwig. Als es neben ihm knatterte und der Geruch intensiv wurde, wusste er Bescheid. Es war der Zweitakter-Geruch der Trabbis. Sie hatten andere Motoren als Westautos.

An der nächsten Ecke hatte sich eine Gruppe um das Straßenschild versammelt. Ein Mann kletterte auf eine Leiter und klebte einen Zettel über den Straßennamen. Jetzt stand da „Straße des neunten November". Das war der Tag, an dem Chris zum ersten Mal nach West-Berlin gekommen war. Alle klatschten, auch die beiden Polizisten, obwohl das Überkleben von Straßenschildern ja eigentlich verboten war. Aber heute war vieles erlaubt, was sonst verboten war.

„Schau mal." Meik zog seine Mutter am Arm. „Heute darf man sogar auf die Mauer klettern."

Anstatt wie sonst in solchen Fällen „Das musst du ja nicht auch machen" zu sagen, nickte sie nur.

Meik drängelte sich weiter voran. Da standen Übertragungswagen von Fernsehen und Rundfunk, und vor der Fernsehkamera schwenkten die Leute fröhlich die Deutschlandfahne. Aus der Menge wurde ihm ein Plastikbecher mit Sekt gereicht, die Leute stießen an und alles wurde gefilmt. Hoffentlich guckt jemand aus meiner Klasse gerade fern, dachte Meik stolz.

Die Mauer war vor dem Brandenburger Tor niedriger, aber dafür dicker. Meik reichte mit ausgestreckten Armen trotzdem nicht bis an die Oberkante heran. Er sprang hoch, seine Fingerspitzen krallten sich um die Betonkante, mit den Füßen stemmte er sich gegen die Mauer, aber da rutschten seine Finger ab und er fiel auf den Boden. Betonstaub rieselte auf ihn herab.

Er hatte sich zum Glück nicht wehgetan, rappelte sich hoch und musterte prüfend die Mauer. Wenn er wenigstens Anlauf nehmen könnte. Aber die Menschen standen hier so dicht gedrängt, dass

dafür kein Platz blieb.

Beim dritten Sprung schaffte er es, sich festzuhalten. Nun hing er an der Mauer und kam nicht weiter. Da drückte von unten jemand gegen seinen Po, von oben wurden seine Arme gegriffen, und er wurde hochgezogen. Er stand auf der Mauer. Wieder etwas Verbotenes, was auf einmal möglich war.

Meik musste aufpassen, dass er nicht wieder hinuntergeschubst wurde. Zwar war die Mauer zwei große Schritte breit, aber es wollten immer mehr Menschen herauf. Schon war Meik damit beschäftigt, einen älteren Herrn mit hochzuziehen. Auch Meiks Mutter wollte auf die Mauer. Sie hatte ein Stückchen weiter eine Leiter entdeckt, die zwar ein bisschen kurz war, aber den Rest wurde sie hochgezogen.

Auf der Mauer hatten sich drei Reihen gebildet. Auf der Westseite waren die, die gerade heraufgekommen waren oder wieder hinunterwollten. Auf der Ostseite standen oder saßen sie zum Gucken und in der Mitte konnte Meik sich vorsichtig weiterschlängeln, bis er einen Platz auf der Ostseite ergattern konnte.

Zwischen der Mauer und dem Brandenburger Tor hatte sich eine Reihe Grenzsoldaten postiert.

Sie passten auf, dass niemand von der Mauer herunterkletterte und durch das Tor nach Ost-Berlin ging.

Hinter Meik drängelte sich jemand vorbei, Meik bekam einen Stoß in den Rücken und kippte nach vorn. Unter ihm war der Todesstreifen. Meik ruderte mit den Armen. Nur nicht fallen. Er hatte einmal gehört, dass im Todesstreifen Tretminen vergraben waren. Und die explodierten, sobald einer draufkam.

Meik merkte, dass er sich nicht mehr halten konnte. Sein Nachbar bekam seine Fingerspitzen zu fassen, aber es war schon zu spät. Die Hände rutschten auseinander und Meik fiel.

Wie versteinert blieb er auf dem Boden liegen, Sekunde um Sekunde verstrich, ohne dass es knallte. Er war nicht explodiert! Fast hätte Meik vor Erleichterung gelacht, aber da sah er vor sich die Grenzsoldaten. Bewaffnet und in olivgrünen Uniformen standen sie einer neben dem anderen.

Zwei Soldaten kamen auf ihn zu. Meik sah ihnen ängstlich entgegen. Aber die Soldaten lachten!

„Ich dachte schon, du könntest fliegen“, sagte

der eine, „so wie du mit den Armen gewackelt hast.“ Sie machten eine Räuberleiter und halfen Meik wieder hoch. Erleichtert zog er sich in die mittlere Reihe zurück und ließ sich auf der Mauer entlangtreiben. Ab und zu spähte er zwischen den Menschen hindurch nach Osten. Auf der anderen Seite des Brandenburger Tores war eine Absperrung, hinter der sich Ost-Berliner versammelt hatten, aber es waren nicht so viele wie hier.

„Die Mau-er muss weg, die Mau-er muss weg.“

Meik traute seinen Ohren kaum. Das war tatsächlich seine Mutter, die lauthals mitschrie und dazu klatschte. So hatte er sie noch nie erlebt. Andere hatten dicke Holzknüppel, mit denen sie den Takt stampften, und zwei hatten sogar Trommeln.

„Die Mau-er muss weg, die Mau-er muss weg, die Mau-er muss weg.“

Nach und nach wurden sie heiser und verstummten. Bald darauf fing einer an: „Wir wollen rein, wir wollen rein.“ Und alle stimmten mit neuer Kraft in den Rhythmus ein.

Meik dachte an Mia. Ja, er wollte rein in die

DDR, einfach so. Ohne den Ärger an der Grenze. Er schrie mit, so laut er konnte.

„Wir wollen rein, wir wollen rein."

Bei jedem Wort stampfte er mit dem Fuß auf. Es war herrlich. Er dachte an nichts mehr, schrie nur noch, schrie, bis er heiser war. Er merkte nicht, dass er schließlich der Einzige war, der noch schrie.

Er ließ sich an der Mauer herab. Sofort griffen Hände nach ihm, sofort wurde ihm geholfen. Meik fühlte sich wohl. Er hatte noch nie vorher erlebt, dass fremde Menschen sich wie die besten Freunde benahmen und einander ganz selbstverständlich halfen. Sie behandelten ihn wie einen Erwachsenen.

Plötzlich wichen die Leute vor Meik zur Seite. Es bildete sich eine Gasse, durch die eine Frau auf ihn zustürzte. In ihrer ausgestreckten Rechten hielt sie ein knallgelbes Mikrofon. Ein Mann stolperte keuchend hinter ihr her. Mit der einen Hand hielt er die Kamera auf seiner Schulter, mit der anderen zerrte er an dem Kabel, das sich zwischen seinen Beinen verheddert hatte.

Die Frau blieb abrupt vor Meik stehen und drehte sich ein Stück seitlich zur Kamera. Sie nahm das Mikrofon vor den Mund. „Du hast hier eben mitgerufen“, stellte sie fest, „kannst du uns sagen, warum du reinwillst?“

„I...Ich?“, stotterte Meik und wich vor dem Mikrofon zurück, das die Frau ihm unangenehm dicht vor den Mund hielt. „Also ich … ich will zu Mia nach Teltow.“ Jetzt war es heraus. Hoffentlich sah keiner aus der Schule fern. Das sollte doch niemand wissen.

„Aha“, sagte die Reporterin, „und diese Mia ist deine kleine Freundin?“

Meik mochte nicht, wie sie ‚kleine Freundin‘ sagte. Er antwortete nicht.

Die Reporterin lächelte in die Kamera. „Liebe Zuschauer, wenn das keine neue West-Side-Story ist, eine Liebesgeschichte von West nach Ost, und Sie sehen, wie groß hier das Bedürfnis ist, die Mauer zu überwinden.“

Meik war rot geworden, er spürte es deutlich.
Er hasste diese Reporterin, die ihn reingelegt hatte, die von einer Liebesgeschichte sprach, wo alle zu-

hören konnten. Warum konnte sie nicht den Mund halten? Er hatte doch nur gesagt, dass er zu Mia wollte. Schon wieder hielt sie ihm das Mikrofon vors Gesicht.

„Sagst du uns noch deinen Namen?"

„Michael", sagte Meik unwillig.

„Michael, vielleicht schaut sich deine Mia gerade unsere Sendung an. Gibt es noch etwas, was du ihr sagen möchtest?"

„Ja, natürlich, ich möchte ... ähm ... also ... wenn du mich hörst, Mia, dann komm ganz schnell hierher."

„Das ist eine gute Idee", rief die Reporterin, „und wenn Sie, liebe Zuschauerinnen und Zuschauer, wissen wollen, wie diese Liebesgeschichte weitergeht, dann bleiben Sie dran, wir berichten weiter live von den Ereignissen am Brandenburger Tor, und ich möchte Ihnen jetzt ..."

Die Reporterin bahnte sich weiter einen Weg durch die Menschenmenge und hielt anderen ihr

Mikrofon unter die Nase. Meik schaute ihr nach. Er war noch ganz benommen von ihrem Redeschwall.

Mit seiner Mutter schlenderte er weiter. Ob Mia ihn gehört hatte? War es nicht besser, hier auf sie zu warten? Aber seine Mutter schüttelte energisch den Kopf. „Das kann zwei Stunden dauern, bis Mia hier ist. Nein, nein, wir können ruhig noch weiter herumgucken."

Nicht weit vom Brandenburger Tor war der Potsdamer Platz. Vor dem großen Krieg war hier das Zentrum Berlins gewesen. Jetzt war weit und breit nur ödes Land. Die Häuser waren im Krieg zerbombt und hinterher abgerissen worden. Quer über das Gelände führte die Mauer.

Gestern war hier ein Durchbruch gemacht worden, ein neuer Grenzübergang. Jetzt standen die Menschen Spalier. Jedes Auto, das nach West-Berlin kam, wurde mit lautem Grölen begrüßt, hupte zurück, und wer bis ganz nahe herankam, schlug aufs Autodach. Die, die zu Fuß kamen, wurden umarmt und jeder klopfte ihnen auf die Schultern. Ein Mann mit wehendem weißem Haar warf sich auf den Boden und küsste die Grenzlinie. Meik und seine Mutter gingen weiter an der Mauer entlang. Sie war hier mit besonders schönen Bildern bemalt. Meik guckte sich gerade eine zwei Meter große Mickey Maus an, als er von einem Mann in einem vornehmen schwarzen Mantel fast umgerannt wurde.

„Entschuldigung", rief der Mann im Weiterhasten. In einer Hand schlenkerte ein Aktenkoffer. Direkt an der Mauer öffnete er ihn auf dem angewinkelten Bein, nahm einen Hammer heraus und sah sich hastig um. Dann schlug er auf die Mauer ein.

Betonsplitter spritzten herum. Der Mann hämmerte und hämmerte, sah sich ab und zu kurz um. Als ein paar größere Bruchstücke auf den Boden gefallen waren, hörte er auf und sammelte die bunten Splitter in seinen Aktenkoffer. Dann hastete er wieder davon und hätte Meik fast ein zweites Mal umgerannt.

Meiks Mutter schüttelte den Kopf. „Jetzt sind schon die Andenkenjäger unterwegs. Wenn die Mauer vielleicht mal abgerissen wird, wollen sie ein Stück als Erinnerung behalten."

„Ich dachte, man will sich immer nur an schöne Dinge erinnern", wunderte sich Meik.

Seine Mutter zuckte die Schultern. „Vielleicht ist der Mann ja auch der Einzige, der so etwas aufbewahren will.“

Aber das stimmte nicht. Als sie um die nächste Ecke bogen, klopfte, hämmerte und bohrte überall jemand an der Mauer.

Eine alte Dame hüpfte ungeduldig um einen hämmernden Mann herum. „Hurry up, I need your tool.“ Sie wollte ihm das Werkzeug aus den Händen reißen.

Der Mann schubste sie mit der Schulter weg. „Momentchen mal, das ist mein Hammer.“

Da zog sich die alte Dame eine Haarnadel aus ihrem Dutt und kratzte damit an einem Stück der Mauer herum, aber es half wenig.

Eine andere Frau hatte einen Schraubenschlüssel, mit dem sie auf die Gemälde an der Mauer eindrosch. Meik fand es schade, dass alles zerstört wurde. Aber dann dachte er an Opa Ludwig und dass es bestimmt viel Spaß machen würde, die Mauer neu zu bemalen.

Ein Junge mit einem Hammer wurde von einem Ehepaar bestürmt. „Wir wollen deinen Hammer doch nur für einen Augenblick. Kriegst auch 'ne Mark dafür."

Meik hob ein paar liegen gebliebene Splitter auf. Wer hier einen Hammer besaß, war fein raus. Er musste das morgen in der Schule mal mit Lars besprechen. Vielleicht konnten sie am Nachmittag Werkzeug vermieten.

Nach anderthalb Stunden war Meik wieder am Brandenburger Tor. Aber Mia war nirgends zu finden. Wahrscheinlich brauchte sie doch länger von Teltow hierher.

Die Reporterin lief wieder mit ihrem Mikrofon herum. Als sie eine Pause machte, traute Meik sich, sie anzusprechen.

„Was willst du?", fragte sie genervt.

„Hat sich Mia bei Ihnen gemeldet?"

„Mia?", die Reporterin überlegte. Endlich erinnerte sie sich. „Ach ja, du bist ja der kleine Junge mit der Ostfreundin. Hast du sie gefunden?"

Meik gefiel nicht, wie sie das sagte. Er schüttelte den Kopf. „Ich dachte, sie wäre bei Ihnen."

„Nein."

Die Reporterin wandte sich einfach um und besprach etwas mit dem Kameramann. Meik war enttäuscht. Er blieb noch eine ganze Stunde am Brandenburger Tor, aber Mia fand er nicht. Und auch niemanden, dem er den Brief an Mia mitgeben konnte.

14

Toni wartete am nächsten Morgen vor der Klasse auf Meik.

„Ich habe gestern ferngesehen", verkündete er, „jetzt weiß ich Bescheid."

Meik bekam einen Schreck und wurde blass. Wenn Toni das Interview mit ihm gestern im Fernsehen gesehen hatte, dann wusste er jetzt von der Freundschaft zu Mia.

Meik beobachtete Tonis überlegenes Gehabe und spürte, wie sich die Angst in ihm breitmachte. Toni konnte ihn jederzeit verprügeln. Meik wollte etwas sagen, sich bei Toni für den Schwindel mit dem starken Cousin in Teltow entschuldigen, aber er bekam keinen Ton heraus.

„Ich kenne die Ossis viel besser als du", fuhr Toni fort, „ich hab genau gesehen, wie doof die sind. Sie wissen nicht, wie man Austern isst, und kommen nur her, um uns alles wegzukaufen. Dafür kriegen sie von uns sogar noch hundert Mark.

Das ist ungerecht. Ich krieg ja auch nicht hundert Mark geschenkt."

Meik starrte ihn verblüfft an. Toni hatte gar nicht ihn gesehen, sondern was ganz anderes. Toni weiß nichts von Mia, Toni weiß nichts, jubelte es in seinem Kopf, und dann dachte er: noch nicht. Irgendwann würde es doch herauskommen. Meik ärgerte sich, dass er davor Angst haben musste. Was ging es Toni an, mit wem er befreundet war? Er wollte nicht mehr, als von ihm in Ruhe gelassen zu werden.

Toni deutete sein Schweigen falsch. „Da staunst du, was? Das hat dir dein starker Cousin wohl nicht erzählt. Wie oft hat der sich denn angestellt, um hundert Mark zu holen? Einmal durfte jeder, aber die haben sich doch immer wieder angestellt. Die nutzen unsere Gutmütigkeit doch bloß aus. Hundert Mark! Gehst einfach hin, zeigst deinen DDR-Ausweis und schon kriegst'n Hunni.

„Na und, du Blödmann", schrie Meik, „du kriegst ja auch Taschengeld."

Toni tippte sich an die Stirn. „Aber doch nicht hundert Mark."

„Im Jahr schon."

„Und wenn das Geld alle ist, fangen sie an zu klauen." Toni machte einen Schritt auf Meik zu und zischte ihm ins Gesicht: „Dein Cousin ist ein gemeiner Dieb."

Meik hatte das Gefühl, zerplatzen zu müssen. Er hatte eine mordsmäßige Wut auf Toni. Durfte er das auf Mia, Dieter und all den anderen sitzen lassen?

Er spürte eine Hand im Rücken. Herr Sanfried schob sie in die Klasse. „Ihr könnt euch gleich weiter darüber streiten. Genau über das Thema wollte ich nämlich heute mit euch diskutieren."

Fast alle aus der Klasse fanden es in Ordnung, dass jeder, der aus der DDR zu Besuch in den Westen kam, hundert West-Mark im Jahr erhielt. Manche fanden es sogar zu wenig.

„Die müssen ja auch mal essen gehen oder eine Eintrittskarte ins Kino bezahlen", sagte ein Mädchen, „und mit ihrem Ostgeld können sie bei uns nichts kaufen."

„Aber arbeiten tun die nicht richtig, das stimmt."

Jetzt erzählte Meik, wie das wirklich war mit

der Arbeit. Das war nicht Faulheit. Die Bauarbeiter konnten oft gar nicht weiterbauen, weil Steine oder Mörtel fehlten.

Am Ende der Stunde sagte Herr Sanfried, dass morgen kein Unterricht …

Freudengeschrei. Sie trommelten auf die Tische und sprangen auf. Es dauerte fünf Minuten, bis es leiser wurde und Herr Sanfried weitersprechen konnte. Statt zum Unterricht trafen sich morgen alle Klassen an der Mauer, wo ein neuer Grenzübergang eröffnet wurde. Das war direkt neben Meiks Haus.

Nachmittags fuhren Meik und Lars zur Mauer, dorthin, wo die Mauerspechte waren. Mauerspechte waren keine Vögel, sondern Menschen, die an der Mauer herumhämmerten. Niemand wusste, wer den Namen erfunden hatte, aber er hatte sich in den letzten vier Tagen blitzschnell herumgesprochen. Er passte so gut. Wie richtige Spechte schlugen die Menschen hier Loch für Loch. Sie pickten zwar keine Würmer heraus, dafür aber farbige Betonstücke.

Lars und Meik stellten ein Schild auf:

Zu vermieten.

Hammer und Meißel: DM 1.- für 5 Minuten.

Kleiner Hammer: 50 Pfennig

Sie setzten sich daneben.

Die Mauer sah aus, wie ein von Motten zerfressenes Tuch. Überall hatten die Mauerspechte Andenken herausgeklopft und graue Narben in den bunten Bildern hinterlassen. An manchen Stellen wurden die rostigen Eisenstangen sichtbar, die dem Beton den Halt gaben. Und schräg hinter Meik war ein faustgroßes Loch in der Mauer.

Ihr erster Kunde war ein Mann, der extra aus Bochum gekommen war, um sich das alles anzusehen. Mit kräftigen Schlägen haute er sich drei Stücke aus der Mauer, bezahlte eine Mark und lief zufrieden weiter.

Der Nächste konnte gar nicht genug bekommen. Lars ließ an seiner Armbanduhr die Stoppuhr laufen. Als fünf Minuten um waren, wollte er Hammer und Meißel zurückhaben, aber der Mann jammerte: „Gleich doch, gleich hab ich es."

Er zerrte und wuchtete an einem großen Klotz,

den er unbedingt haben wollte, der aber noch fest in den Eisenstangen saß. Nach acht Minuten perlte ihm der Schweiß auf der Stirn, obwohl es ein kühler Novembertag war. Nach zwölf Minuten hebelte er immer noch verbissen daran herum. Endlich schaffte er es, aber den Meißel hatte er verbogen. Lars beschwerte sich. Der Mann drückte ihm zehn Mark in die Hand, wuchtete den Klotz auf seine Schulter und ging keuchend davon.

Inzwischen hatte Meik den kleinen Hammer schon zweimal vermietet. Das Geschäft ging gut.

Eine Gruppe Japaner kam vorbei, sie umringten die beiden und schauten lachend auf das Schild. Einer trat einen Schritt vor, fuchtelte mit den Händen herum und sagte etwas auf Japanisch. Er deutete auf Meik, dann auf den Hammer und auf die Mauer.

Meik glaubte, sie zu verstehen. Er nahm Hammer und Meißel, setzte an der Mauer an und schaute sich fragend um. Die Japaner nickten heftig. Meik sollte ihnen ein Stückchen herausschlagen.

Meik ging zu dem Loch in der Mauer. Dort

war es am einfachsten. Er holte mit dem Hammer aus – und schrie auf, ließ den Hammer fallen, sprang zurück. Auf der anderen Seite, nicht mal eine Armlänge von Meik entfernt, hatte ein Vopo gestanden und böse durch das Loch gestarrt. Jetzt lachte der Vopo, er hatte Meik nur erschrecken wollen.

Auch die Japaner amüsierten sich darüber. Lars fragte sie: „Do you speak English?“

Sie schauten sich unsicher an, dann meinte einer zögernd: „Yes.“

Während Meik ein schönes Stück Mauer herausstemmte, verhandelte Lars mit dem Japaner in Englisch über den Preis. Mit Service war es natürlich teurer als eine Mark. Der Japaner bot Lars zwei japanische Münzen an. Lars war sofort einverstanden. Das würde einen Aufruhr geben, wenn er die in der Klasse herumzeigte.

Als Meik mit dem Mauerstück kam, musste Lars noch ein Foto machen: sieben lächelnde Japaner vor der angeknabberten Mauer. Einer hielt stolz das Mauerstück, ein anderer das Werkzeug, obwohl er es gar nicht benutzt hatte.

Von den Ausländern ließen sie sich nun immer fremdes Geld geben. Meist konnte Lars sich mit ihnen auf Englisch unterhalten und Meik beneidete ihn darum. Insgeheim beschloss er, in Zukunft in Englisch gut aufzupassen und die Vokabeln besser zu lernen.

Wer bei ihnen vorbeikam, guckte auch durch das Loch in der Mauer. Meik beobachtete das gespannt. Wann machte sich der Vopo wieder den Spaß, andere zu erschrecken? Vielleicht bei dieser Frau, die sich gerade mit schriller Stimme bei ihm beschwert hatte, dass er ihr den Hammer nicht umsonst gab? Wenn die vor Schreck aufschrie, das hörte sich bestimmt gut an. Aber der Vopo schien keine Lust mehr zum Erschrecken zu haben oder er war weggegangen.

Schließlich wagte sich Meik auch wieder an das Loch heran, aber zur Sicherheit blieb er einen Schritt davon entfernt stehen. Durch das Loch sah er eine Menge Nichts und dahinter den Fernsehturm am Alexanderplatz über einige Häuser aufragen. Er zuckte enttäuscht die Schultern und wandte sich ab.

Lars kassierte gerade von einer englischen Lady ein halbes Pfund, als ein Polizeiauto vorbeifuhr.

Aus dem Lautsprecher tönte es: „Liebe Souvenirjäger, bitte unterlassen Sie die Sachbeschädigung an der Mauer."

Niemand kümmerte sich um die Durchsage. Alle hämmerten weiter, manche guckten sich nicht einmal nach der Polizei um. Aber auch die Polizisten nahmen das alles nicht sehr ernst. Nachdem sie die Durchsage zweimal wiederholt hatten, fuhren sie davon, ohne sich weiter um die Mauerspechte zu kümmern. Es war eben eine Zeit, in der die Grenze nicht mehr ernst genommen wurde.

Die Touristen kamen von allen Seiten auf Lars und Meik zugeströmt. Manchmal bildete sich sogar eine kurze Warteschlange, und Lars ärgerte sich schon, dass er nicht noch einen dritten Hammer mitgenommen hatte. Aber sie kassierten auch so schon mehr, als sie je erwartet hatten. Als sie am Abend ihre Beute zählten, hatten sie außer dem japanischen und dem englischen Geld noch drei 25-Öre-Stücke, fünf Schilling, drei Franc, siebzig Zloty und insgesamt vier Dollar und sechzig Cents bekommen. Außerdem hatten sie fast dreißig Mark und acht Ostmark verdient.

Lars wollte unbedingt noch auf die Mauer am Brandenburger Tor. Als sie am Potsdamer Platz vorbeikamen, war an dem neuen Grenzübergang genau so ein Gedränge wie gestern. Immer noch wurde jeder Trabbi lauthals begrüßt.

Heute standen da noch zwei Lastwagen. Wer aus Ost-Berlin an den Lastwagen vorbeilief, bekam eine Tafel Schokolade bei dem einen und eine Packung Zigaretten bei dem anderen Wagen geschenkt. Lars und Meik drängelten sich rasch bis zum Grenzstreifen vor und ließen sich dann im Strom der Ost-Berliner an dem Schokoladenlaster vorbeischieben.

Es war wie im Schlaraffenland. Ihnen wurde Schokolade vor die Nase gehalten, sie brauchten nur noch zuzugreifen. Sie setzten sich ein wenig abseits auf den Boden, rissen die Tafeln auf und verputzten die Schokolade bis auf den letzten Krümel.

„Ah“, grunzte Lars, „das war mal nötig.“

Meik schaute hoch und wusste sofort, er war wirklich im Schlaraffenland. Da beugte sich eine Frau zu ihnen herunter und hielt jedem ein Fünfmarkstück hin. Tränen standen in ihren Augen und kullerten über ihre faltigen Backen.

„Da, nehmt nur und kauft euch noch was Süßes, ich seh doch, wie es euch schmeckt." Sie schniefte und wischte mit einem Taschentuch ihr Gesicht trocken. „Dass ich das noch erlebe. Ich habe Urenkel in Sachsen, die sind so alt wie ihr."

Meik starrte ganz verdattert auf das Geldstück. „Danke", rief er, als die Frau sich schon wieder weggedreht hatte. Das war ein Tag!

An der Grenzlinie standen Zöllner und Polizisten aus Ost und West zusammen und unterhielten sich. Der eine kam Meik irgendwie bekannt vor. Er ging näher hin. Der Zöllner sagte gerade: „Ich habe die ganzen Kontrollen schon immer für unnötig gehalten. Reine Schikane. Wenn ich Dienst hatte, hab ich die Leute immer nur durchgewunken. Kontrolliert habe ich nie."

Jetzt wusste Meik Bescheid. Als der Zöllner „kontrolliert" sagte, fiel es ihm ein.

„Das stimmt nicht“, schrie Meik, „Sie haben mir mal ein Buch weggenommen. Der andere, der war nett, aber Sie waren gemein.“

Die Uniformierten drehten sich erstaunt zu ihm um. Meik rannte lieber weg.

Am Brandenburger Tor hatte sich einiges verändert. Leute vom Fernsehen hatten ein großes Gerüst aufgebaut. Alle warteten darauf, dass hier die Mauer abgerissen werden würde. Das sollte dann jeder sehen können, von den Inuit am Nordpol bis zu den Naturforschern bei den Pinguinen am Südpol. Überall liefen Reporter herum. Sie redeten deutsch, englisch und in anderen Sprachen. Einige hatten Kopfhörer über ihre Mützen gestülpt und schwenkten riesige Mikrofone an langen Stangen über die Menschen.

Fotografen suchten günstige Positionen. Einer war auf eine Birke geklettert und knipste mit drei verschiedenen Kameras.

Auf der Mauer standen Vopos. Schade, jetzt konnten Lars und Meik nicht mehr hinaufklettern. Unten an der Mauer wurde Musik gemacht. Drei junge Frauen spielten Gitarre, und sangen:

Auf der Mauer, auf der Lauer
sitzt ein kleiner Vopo.

Auf der Mauer, auf der Lauer
sitzt ein kleiner Vopo.
Schaut euch mal den Vopo an,
wie der Vopo lachen kann,
auf der Mauer, auf der Lauer
sitzt ein kleiner Vopo.

Die Vopos lachten wirklich, lachten, wie es Meik vorher noch nie gesehen hatte, und manche sangen sogar mit. Sie bekamen rote Rosen hinaufgereicht und steckten sie sich in die Knopflöcher ihrer Uniformen. Die strengen Vopo-Blicke, vor denen sich Meik an der Grenze immer gefürchtet hatte, gab es nicht mehr.

An dem Gerüst fürs Fernsehen kletterten zwei Männer und eine Frau hoch und befestigten ein Betttuch.

„Vergesst nicht Rumänien!“, las Meik, als die beiden das Tuch ausrollt hatten, „nieder mit Ceausescu!“

„Wer ist Ce-au-ses ...?“, fragte Meik, als die drei wieder unten waren.

„Tschau-tschesku“, sprach die Frau das Wort aus. „So heißt der Herrscher von Rumänien. In vielen Ländern wird jetzt gegen die Diktatoren demonstriert. Aber nicht alle Menschen haben so viel Glück wie wir in Leipzig. Bei uns lief alles friedlich ab, aber in Rumänien wurden die Demonstranten niedergeschossen. Und in China auch.“

Die Frau blickte noch einmal zu dem bemalten Betttuch und verschwand dann mit den beiden Männern zwischen den anderen Schaulustigen.

Es wurde langsam dunkel. Laternen gingen an und Scheinwerfer beleuchteten die Mauer. Am Himmel explodierten einige Feuerwerksraketen. Britische Soldaten rückten an und verteilten heißen Tee. Lars schaute auf seine Uhr.

„Mensch, ich muss nach Hause“, rief er erschrocken. Meik hätte noch länger Zeit gehabt. Seine Mutter hatte heute Spätdienst und kam erst um zehn nach Hause.

Sie liefen an der Mauer zurück zum S-Bahnhof. Wo die Mauerspechte am meisten gehämmert hatten, wurde die Mauer schon wieder neu bemalt. „Berlin wird Krenzenlos“, stand da. Gerade war ein Mann dabei, die violetten Buchstaben weiß zu umrahmen.

„Der kann noch nicht mal richtig schreiben“, sagte Meik verächtlich, „‚grenzenlos‘ wird doch mit ‚G‘ geschrieben.“

„Mann, das ist doch gerade der Witz“, erklärte Lars.

„Sehr witzig“, sagte Meik beleidigt, „wenn ich im nächsten Diktat ‚krenzenlos‘ schreibe, wird der Sanfried das aber nicht sehr witzig finden.“

„Aber das hier ist doch kein Deutschunterricht. Das ist Satire, verstehst du? Das hat zwei Bedeutungen. Das hört sich an wie ‚grenzenlos‘, aber mit dem ‚K‘ ist der Krenz gemeint. Egon Krenz, der neue Regierungschef da drüben. Der soll weg, genauso wie die Grenze.“

„Jaja, ist ja gut.“ Meik war sauer, dass Lars besser Bescheid wusste. Meik hatte sich daran gewöhnt, dass er der Fachmann in DDR-Fragen war. Jetzt mochte er nicht eingestehen, dass auch mal ein anderer mehr wusste.

„Bei den Demonstrationen haben sie oft Plakate mit solchen Sprüchen getragen", fuhr Lars fort. „Ich hab das in der Zeitung gelesen. ‚Reformen – aber unbekrenzt' zum Beispiel. Oder ‚Unbekrenzte Macht dem Volk!' Die wollen diesen Egon Krenz nicht. Er hat der chinesischen Regierung gratuliert, als sie auf die Demonstranten geschossen hat. Er hätte auch in Leipzig schießen lassen, aber das hat er nicht geschafft."

„Das weiß ich selber", rief Meik wütend, „schließlich war Dieter dabei."

Sie schwiegen auf der Heimfahrt. Meik blieb gereizt. Er dachte an die Öffnung der Grenze morgen. Ob Mia auch kam? Dann gab es Ärger mit Toni.

Meik blieb auf dem Gehsteig stehen, wo der Plattenweg zu seiner Haustür abzweigte. Was er sah, war ihm unheimlich. Die Dunkelheit, der leichte Nebel, vermummte Gestalten, die warteten, und dreißig Schritte vor ihm die Mauer. Vor allem aber die Scheinwerfer, die ihre Lichtkegel über die Mauer warfen.

Es war nicht einmal zwei Monate her, dass er vor diesen Lichtkegeln weggerannt war, in der Angst, erschossen zu werden. Nun saß in dem Wachturm, der vor ihm über die Mauer ragte, kein Grenzsoldat mehr. Kein Gewehr mehr, das angelegt wurde, um Flüchtlinge abzuschießen.

Zögernd ging er näher an die Mauer heran. Er hielt sich außerhalb des Scheinwerferlichtes und suchte die Nähe der anderen Schaulustigen. Am Rand der Straße hockten zwei Kinder aus dem Nachbarhaus vor ihren Eltern. Sie hatten Kerzen auf den Boden gestellt und stocherten mit kleinen Zweigen im flüssigen Wachs herum. Meik hockte sich dazu.

Zwei Wagen der Feuerwehr fuhren heran. Das Blaulicht pulsierte durch die nasskalte Novembernacht. Polizisten drängten einige Leute, die sich zu weit vorgewagt hatten, von der Mauer weg. Ketten rasselten, Metall schlug klingend auf Metall, und ein Bagger fraß sich knirschend in Beton. Im grellen Licht hinter der Mauer ratterten Presslufthämmer los.

Da fand ein erster Lichtstrahl den Weg unter

der Mauer hindurch und sprang vor Meik über die Pflastersteine. Ein meterbreites Stück der Mauer wurde hochgezogen und weggeschwenkt. Licht flutete durch die Öffnung. Alle klatschten begeistert.

Meik blickte an der Mauer entlang. Wie viel wurde wohl noch abgerissen? Er stutzte und bemerkte jetzt erst die Silhouetten auf der Mauer. Da saßen welche rittlings auf der Röhre, die oben den Abschluss bildete. Wie waren die hinaufgekommen? Die Mauer war hier ein gutes Stück höher als am Brandenburger Tor.

Meik stand auf und entdeckte eine Leiter, die hinter einem Strauch an der Mauer lehnte. Durfte er hoch? Die Polizisten kümmerten sich nicht darum und die, die da oben saßen? Bestimmt waren sie genauso nett wie gestern die Leute am Brandenburger Tor.

Vorsichtig kletterte Meik Sprosse für Sprosse nach oben. Hui, ging das auf der anderen Seite tief hinunter! Auf seiner Seite war es dunkel, da fiel das nicht so auf.

Lange blieb er auf der obersten Sprosse stehen und sah sich um. Der Todesstreifen war nun kein

Todesstreifen mehr, sondern ein harmloser Sandstreifen mit einer schmalen Asphaltbahn.

Schemenhaft schob sich eine Planierraupe vor den Scheinwerfern entlang. Ein Armeelaster hielt an dem viereckigen Wachturm, dunkle Gestalten sprangen herab und huschten hin und her.

„Willst du hoch?“ Der Mann, der gleich neben der Leiter saß, streckte Meik seinen muskulösen Arm entgegen.

Meik schwang ein Bein über die Mauer und wäre auf der anderen Seite hinuntergerutscht, wenn ihn der Mann nicht gehalten hätte. Meiks Herz klopfte heftig. So eine Röhre bot nicht viel Halt, wenn man draufsaß. Der Mann ließ ihn los und Meik krampfte sich unsicher fest. Er war nun der Erste in der Reihe und hatte niemanden vor sich, an dem er sich notfalls festhalten konnte.

Er atmete auf, als noch eine Frau hochkam. Alle rutschten etwas nach hinten und die Frau setzte sich vor Meik.

Von dem Wachturm wurde ein Seil herab zu einem Bulldozer gespannt. Acht Soldaten lösten die Verankerung am Boden, dann zog der Bulldozer an und der Turm krachte um. Die Reste wurden zur Seite geschleift und blieben erst mal dort liegen. Die Wachtürme wurden nicht mehr gebraucht.

„Ich möchte wieder runter“, rief jemand hinter Meik. „Alle mal vorrücken!“

Die Frau vor Meik stützte sich auf die Hände und bewegte sich wie beim Bockspringen vorwärts. Meik machte es ihr nach. So ruckte die ganze Reihe auf der Mauer nach vorne, bis derjenige an der Leiter war, der hinunterwollte.

„Okay“, rief er, stieg abwärts und auf der Mauer ruckten alle wieder zurück.

Unten kam ein Lastwagen mit einer Ladung dampfendem Teer angefahren. Meik wurde von hinten angestoßen. Als er sich umdrehte, hielt ihm der Mann eine Flasche entgegen.

„Trinken und weitergeben.“

Meik nahm einen Schluck. Es schmeckte scheußlich. Irgend so ein saurer Wein. Er tippte die Frau an. „Trinken und weitergeben.“

Die Frau musterte das Etikett auf der Flasche, nahm einen Schluck, kaute darauf herum, wiegte den Kopf, nahm noch einen Schluck und gab die Flasche zurück. Plötzlich wurde Meik von hinten gepackt. Er schreckte auf. Er war eingenickt und zur Seite gekippt, aber der Mann hatte ihn noch festhalten können. Meik rutschte hinter der Frau zur Leiter und lief nach Hause.

15

Seit Meik aufgewacht war, war er aufgeregt. Ungeheuer aufgeregt. Er aß nichts zum Frühstück, trank nicht mal was. Um halb acht ging er mit seiner Mutter hinunter auf die Straße.

In der Nacht war die Straße wieder zusammengefügt worden, so, wie es vor dreißig Jahren gewesen war. Wo bis gestern die Mauer gestanden hatte, versperrten nur noch zwei Bänder den Weg. Eins auf der Westseite, eins auf der Ostseite. Auf dem ehemaligen Todesstreifen stand eine Baracke. Davor warteten einige Vopos und unterhielten sich.

Meik schaute sich vorsichtig um. Ein paar aus seiner Schule waren schon da, Toni aber noch nicht. Vielleicht schwänzte er ja. Ließ sich die Katastrophe doch noch vermeiden?

Herr Sanfried nickte Meik zu. Immer mehr Leute strömten herbei. Nicht nur im Westen, sondern auch auf der anderen Seite des ehemaligen Todesstreifens.

Meik ging an einer Blaskapelle vorbei, die noch ihre Instrumente stimmte, und blieb an dem rotweißen Band stehen.

Eine Hand knallte auf seinen Rücken. Er drehte sich um.

„Na, lerne ich heute endlich mal deinen starken Cousin kennen?“, fragte Toni und zog lässig seine blaue Schirmmütze ein Stück tiefer ins Gesicht.

Meik zuckte die Schultern und schaute weg. Er atmete tief gegen das Drücken in seinem Bauch ein.

Ein Pfiff gellte von der Ostseite herüber. Mia und Chris waren da und winkten stürmisch!

Toni rümpfte abfällig die Nase. „Guck dir diese Zicken da drüben an. So richtig ostig.“

Meik blieb weiter stumm und traute sich nicht zurückzuwinken. Er dachte an Dieter, der sich vor Angst fast in die Hose gemacht hatte und trotzdem nach Leipzig zur Demonstration gefahren war. Weil es seine Überzeugung war.

Lars schob sich neben Meik, drückte ihm verstohlen den Ellenbogen in die Seite und deutete mit einer winzigen Kopfbewegung zu den beiden

Mädchen. Meik nickte leicht. Chris und Mia winkten noch immer. Was mussten sie jetzt von Meik denken? Was dachte Mia, die doch so werden wollte, wie diese … diese … Meik hatte den Namen schon wieder vergessen.

„Die blöden Ostgänse sollen sich verpissen“, regte sich Toni auf. Er schnitt wilde Grimassen, hampelte herum und versuchte Chris und Mia nachzuäffen.

Da packte Meik Tonis erhobenen Arm und riss ihn herunter. „Du hältst jetzt endlich mal deinen Mund“, herrschte er ihn an. „Du bist doch hundertmal so blöd wie alle anderen zusammen.“

Toni blickte Meik fassungslos an. „Was …?“

Ein Tusch der Blaskapelle dröhnte über das Gelände und schnitt ihm das Wort ab. Es war acht Uhr. Die Bürgermeister durchschnitten jeweils das Band auf ihrer Seite und gingen feierlich aufeinander zu, um einander die Hände zu schütteln.

„Du bist so dumm“, fuhr Meik fort und er zitterte ein bisschen vor Aufregung, „so dumm, dass du mir die Geschichte mit dem Cousin geglaubt hast. Ich hab dich die ganze Zeit an der Nase herumgeführt, du Blödmann, aber jetzt habe ich genug. Lass mich in Ruhe. Hau ab."

An den Bürgermeistern vorbei drängten die Menschen über die Grenze. Die Westler nach Osten und die Ostler nach Westen. Die Kapelle spielte Marschmusik und die Vopos flüchteten zur Seite. Bei diesem Ansturm konnten sie nicht mehr kontrollieren. Warum sollten sie auch. Die Grenze war ja nicht mehr wichtig.

Meik wurde mitgerissen, andere schoben sich zwischen ihn und Toni.

„Das wirst du mir büßen!", schrie Toni, aber bei dem ganzen Lärm hörte es Meik kaum. Er schaute sich nach Chris und Mia um, entdeckte sie zwischen den durcheinanderrennenden Menschen und winkte nun endlich.

Vor Meik blieben die beiden atemlos stehen. „Hey, Meiki!"

„Na!?", sagte Meik und wusste auf einmal nicht, was er tun sollte. Sollte er ihnen die Hand geben? Oder sie umarmen, wie es so viele hier taten? Oder gar nichts? „Na?!", wiederholte er und wusste nicht mal was zu sagen.

Da wurde er an der Schulter gepackt. „Na, Michel, willst du mich nicht mal deinen Schmusefreundinnen vorstellen?"

Meik machte sich mit einer heftigen Bewegung wieder frei. „Willst du nicht lieber zu deinem Enrico gehen und im Sandkasten spielen?"

Bevor Toni darauf reagieren konnte, zuckte Mias Hand vor und – schwupp – hatte sie die Schirmmütze vor sein Gesicht gezogen. „Schwirr ab, Kleiner, das hier ist noch nichts für dich."

Chris lachte los. Toni riss sich die Mütze vom Gesicht, starrte die Mädchen böse an und zischte dann zu Meik: „Na warte, dich krieg ich noch mal."

„Das würde ich dir nicht raten", rief Meik und lachte auch. Er fühlte sich wunderbar. Nie wieder wollte er sich von Toni was gefallen lassen.

„Kommt, gehen wir zu den anderen", sagte Chris und zeigte zum Rand der Straße, wo sich Meiks Mutter und Dieter in den Armen lagen, umringt von Oma Eli, Bärbel und Mias Eltern. Opa Ludwig war nirgends zu sehen, aber über den Köpfen wackelte ein Pappschild hin und her. „Opa Ludwig grüßt Meik und Ingeborg", las Meik und wurde rot. Konnte Opa Ludwig sich nicht denken, dass ihm das peinlich war? Aber Opa Ludwig war sogar noch richtig stolz auf das Schild und strahlte, als er endlich bis zu ihnen vorgedrungen war.

Und dann wurde das Schild auch noch von einer kräftigen Stimme vorgelesen. „Opa Ludwig grüßt Meik und Ingeborg, und wer grüßt mich?" Meik drehte sich um.

Es war Onkel Hermann. „Du alter Zausel hast deinen Bruder vergessen!", sagte er gespielt vorwurfsvoll.

Dann lagen sich die Brüder in den Armen, klopften sich auf die Schultern und schnäuzten sich. Auf einmal schnäuzten sich alle, und Dieter wischte sich verstohlen über die Augen.

Mia grinste und stupste Meik an. „Zeigst du mir dein Zimmer?"

„Klar." Sie rannten los.

Meik stoppte so abrupt, dass Mia und Chris gegen ihn prallten. Er sah sich um. Dahinten stand Lars. „He, kommst du mit?"

Die vier stürmten in Meiks Zimmer. Chris und Mia schauten sich neugierig um.

„Wollen wir Eis essen?“, fragte Meik.

„Meiki kann richtig kochen“, stellte Lars fest.

Chris kicherte. „Au ja, kochst du uns ein Eis?“

Sie liefen in die Küche. Meik holte Vanilleeis aus der Tiefkühltruhe, Mia nahm Schälchen und Löffel aus dem Schrank, und Lars leckte mit der Zunge über seine Lippen. „Aber mit geschmolzener Schokolade.“

Meik gab Milch und Schokolade in ein Schälchen, stellte das Eis in die Mikrowelle und behielt das Schälchen in der Hand. Lars schrie auf. Meik zuckte zusammen. Milch schwappte auf den Boden. Alle schrien durcheinander.

Es war zu spät. Das Eis war in der Mikrowelle geschmolzen und tropfte heraus.

Chris strahlte. „Das ist Vanillesoße ohne Klümpchen.“ Meik und Mia lachten. Lars mussten sie die Geschichte von der Vanillesoße noch erzählen. Sie machten sich über das restliche Eis her und fischten dazu die Schokoladenstücke aus der Milch.

„Eigentlich müssten wir jetzt einen Club gründen“, sagte Chris.

„Wir können uns ja immer abwechselnd bei einem von uns treffen“, schlug Meik vor.

Mia blickte aus dem Fenster. „Mit dem Fahrrad brauche ich fünf Minuten hierher.“

„Wir haben sogar schon eine Clubkasse.“ Lars angelte einen Beutel aus seiner Hosentasche und schüttete alles, was sie gestern bekommen hatten, auf dem Tisch aus. Er erzählte den beiden Mädchen von den Mauerspechten.

„Da will ich auch mal hin“, rief Mia.

„Dann haben wir ja schon einen Namen für den Club.“ Chris schaute in die Runde und sagte dann feierlich: „Club der Mauerspechte.“

Sie rannten wieder in Meiks Zimmer, drehten die Musik auf, machten sie dann doch wieder aus und fegten die Treppe hinunter auf die Straße, über die Grenze.

Jetzt können wir die Mauer auch auf dieser Seite bemalen.“ Meik musste schreien, um die schrillen Töne der Blaskapelle zu übertönen. Dort hinten schunkelten die Eltern und sangen lauthals mit: „So ein Tag, so wunderschön wie heute, so ein Tag, der dürfte nie vergehn.“

Die vier rannten die Straße hinunter. Sie hatten ja so viel vor.

Ravensburger Bücher Absolut lesenswert!

Der Weg in die Freiheit

Iris Lemanczyk

Das verlorene Land

Das Leben der tibetischen Zwillinge Tashi und Tenzin ist durch die chinesische Fremdherrschaft geprägt. Sie wagen die Flucht in die Freiheit und machen sich auf die entbehrungsreiche Reise nach Indien – quer durch den Himalaya.

ISBN 978-3-473-**52373**-3

www.ravensburger.de

Ravensburger

RTB_08_102